信鸽竞赛规则与裁判法

中国信鸽协会审定

人民体育出版社

出版说明

为适应信鸽运动不断发展的需要，我们在《1997年信鸽竞赛规则》的基础上，根据目前国际、国内信鸽运动的发展趋势和要求对原规则进行了修改和补充。

除增加了信鸽竞赛裁判法外，新规则还将信鸽裁判员技术等级制度实施办法、仲裁委员会条例、裁判员守则、会员守则以及与信鸽运动相关的重要文献收集在内，以便更好地指导信鸽运动健康发展。

希望各地在执行中对出现的问题及时提出意见和建议，以便今后修改时予以完善。

本规则从2002年1月起执行。

本规则的解释权归中国信鸽协会。

二〇〇一年十月

目　　录

信鸽竞赛规则

信鸽竞赛裁判法

附　　件

附　　录

信鸽竞赛规则

总 则

一、宗旨

（一）促进中国信鸽运动发展。
（二）提高和衡量信鸽竞赛运动水平。
（三）为裁判员提供公正、准确的执法依据。
（四）为培训和提高裁判员工作能力创造条件。

二、举办权

（一）中国信鸽协会所属各省、自治区、直辖市，县以上信鸽协会有权举办信鸽比赛，其成绩可逐级上报至中国信鸽协会。

（二）中国信鸽协会所属行业信鸽协会，按其行政级别，县团级以上分会有权举办本系统信鸽比赛，成绩可逐级上报至中国信鸽协会。

（三）俱乐部、赛鸽中心、公棚举办信鸽比赛必须经省级信鸽协会报省级体育局批准。

三、守则

（一）举办单位必须遵守公平、公正、公开的原则。
（二）参赛者必须遵守竞赛规则，服从裁判员的裁决。
（三）裁判员必须严肃、认真、公正、准确地执法。

四、定义

信鸽比赛分竞翔赛和品评赛，竞翔赛又分为常规比赛和公棚赛。

五、比赛项目

（一）竞翔赛

1．短距离　200～400公里（其中200公里是仅限于在公棚举办的比赛）
2．中距离　500～700公里
3．长距离　800～1000公里
4．超长距离　1500公里以上
5．通讯赛项目　300公里、500公里、700公里、1000公里、1500公里

（二）品评赛

1．300～500公里雌、雄组
2．700公里雌、雄组

3．1000 公里雌、雄组

4．1500 公里雌、雄组

六、比赛形式

（一）联赛：由若干个地区参加的联合竞翔比赛。制定统一规程，指定司放点、司放时间和报到时间。

（二）通讯赛：由各基层信鸽协会组织、上级信鸽协会统计排名的比赛。

（三）公棚赛：将会员选送的赛鸽集中在一个公棚、统一饲养和训放的比赛。该比赛必须经省以上信鸽协会批准，由省级协会主办或监办并选派裁判员。

（四）多关赛：以若干相等或不等距离为赛程、在规定时间内、一羽赛鸽多次进行的比赛。

（五）精英赛：在若干比赛中获得优胜名次的赛鸽再次进行的比赛。

（六）对抗赛：省与省之间、市与市之间、区县与区县之间和不同协会之间的比赛。

（七）指定鸽赛：指定一羽或若干羽赛鸽参加的比赛。

（八）其他比赛

1．成鸽赛（1 岁龄以上的信鸽）

2．幼鸽赛（当年的幼鸽）

3．特比环赛（比赛设大奖，必须购买指定的全国统一足环）

七、比赛级别

（一）国际级比赛

1. 世界锦标赛：国际信鸽联盟主办，每年一届，是最高级别的信鸽公棚比赛。国际信鸽联盟各会员协会均可申请承办，届时每个会员协会可选送25羽赛鸽参赛。

2. 世界排名大奖赛：国际信鸽联盟主办，每年3～4站，分别在不同的国家和地区进行。设分站排名、年度排名和两年一次总排名。是最高级别的公棚大奖赛。

3. 奥林匹亚品评赛：国际信鸽联盟主办，两年一届，与国际信鸽联盟代表大会同时、同地举行。

4. 国际邀请赛：由国际信鸽联盟所属会员协会主办，邀请国内外信鸽协会参加的公棚赛（参加比赛的国家或地区在10个以上），在中国举办该项比赛必须报国家体育总局批准。

（二）国家级比赛

1. 全国通讯赛：由中国信鸽协会制定竞赛规程，以各省、自治区、直辖市及行业信鸽协会为单位组织的比赛。

2. 国家赛：国内最高级别的信鸽常规比赛，由中国信鸽协会制定竞赛规程，以各省、自治区、直辖市及行业信鸽协会为单位组织参赛。指定司放点，统一司放时间、统一归巢报到时间段和统一排名的比赛。

3. 全国锦标赛：国内最高级别的信鸽公棚赛，以各省、自治区、直辖市及行业信鸽协会为单位参加，设团体和个人排名，并颁发奖金。

4．全国排名赛（鸽王赛）：由中国信鸽协会指定1个或多个公棚承办的比赛，根据会员在1个或若干个公棚比赛的成绩确定最后名次和当年全国鸽王。该比赛是国内信鸽最高级别的个人比赛。

5．世界信鸽锦标赛选拔赛：为中国参加国际信鸽联盟主办的世界信鸽锦标赛而组织的公棚赛，获胜者将取得代表中国参赛资格。

（三）省级比赛

由省、自治区、直辖市信鸽协会主办的各类比赛。

（四）行业协会比赛

中国信鸽协会所属行业信鸽协会组织的本系统内的比赛。

第一部分　常规比赛

第一章　场地设备与器材

第一条　鸽钟

一、信鸽比赛专用计时器。比赛必须使用由中国信鸽协会审定、批准的鸽钟。

二、鸽钟的类型

（一）半自动电子计时鸽钟；

（二）家庭型电子扫描鸽钟；

（三）公棚型电子扫描鸽钟。

三、参赛者必须严格按鸽钟生产厂商提供的使用说明书程序进行操作。

第二条　竞赛用计算机软件

一、信鸽竞赛专用计算机软件，必须经中国信鸽协会审定、批准，否则不允许使用。

二、软件的分类

（一）常规竞翔用软件；

（二）公棚赛专用软件；

（三）品评赛专用软件。

第三条　计时表

必须采用数码电子计时表确定报到时间，并依北京时间对时。

第四条　卫星定位仪（GPS）

必须使用测量误差不大于 ± 15 米，以度、分、秒为单位显示坐标的 GPS 定位仪。

第五条　赛鸽笼

一、集装笼：要求坚固、通风良好，食槽、水槽和粪盘与赛鸽位置合理区分，必须安装联环开启装置。

二、散装笼：要求设计合理、坚固，便于给食喂水、加封、运输和司放。

三、鸽笼容量：每平方米不得多于 40 羽。

第六条　竞赛足环

一、全国统一足环：由中国信鸽协会统一制作发行。

二、电子扫描环：由中国信鸽协会批准使用的鸽钟生产厂商提供和销售。

第七条　密码环

防止比赛作弊的临时用环，由举办单位自行订购。使用时应严格领发手续，登记核准数量。密码环包括：不干胶环、橡胶软环和覆盖式密码环。

第八条　铅封钳和铅封

铅封钳印模必须带有文字或图案，铅封时必须使用棉线或尼龙线。铅封钳必须设专人保管。

第九条　暗记章

一、防止作弊的印章，内容和形状不限，可由举办单位自行定做或由上级协会提供。

二、必须到合法商店刻制，并由刻制商店密封。

三、必须设专人保管，在裁判组的监督下开封启用。

四、使用前必须作部分破损处理，集鸽完毕后必须当众销毁，保留印模以备查。

第二章　比赛通则

第十条　报名

一、参赛者必须是中国信鸽协会会员，参赛鸽只允许佩戴一枚全国信鸽统一足环，并根据竞赛规程办理报名手续，交纳报名费。

二、填写信鸽竞翔报名单一式两份（国家赛一式四份），涂改、填错环号的赛鸽成绩无效。

三、指定鸽比赛，按规程要求在规定的时间内指定参赛鸽，填写赛鸽环号，一经指定不得更改。

四、地方协会的会员不得参加行业协会组织的比赛，也不得使用行业协会代码的足环参赛，否则成绩无效。

第十一条　集鸽

一、比赛主办单位因特殊情况需更改集鸽时间，应提前向上级协会报告并及时通知参赛单位和会员。国家赛集鸽日期不能更改。

二、参赛者应在规定的时间和地点办理交鸽参赛手续，逾期不能参赛。

三、除全国统一足环和计时用电子环外（散装笼不得使用电子环），参赛鸽不得佩戴其他足环，也不得在赛鸽身上做任何标志，否则不允许参赛。

四、逐羽核对赛鸽足环号码，与竞翔报名单不符的赛鸽不能入笼。

五、检查赛鸽健康状况，剔除病鸽并将其从竞翔报名单上删除。

六、在参赛鸽翅膀上加盖暗记章或在脚踝和足环上加套比赛软环或粘贴密码环。

七、安排 2 名以上裁判员验收赛鸽，同一会员的所有参赛鸽入笼后，裁判员必须在其竞翔报名单上签字。

八、比赛组织者（包括协会工作人员和裁判员）送鸽参赛，必须在现场会员代表的监督下办理交鸽参赛手续，其赛鸽应分散装笼。

九、竞翔报名单必须统一编号，编号必须与鸽笼编号一致。

十、集鸽结束后，清点笼数，实施封笼。如隔日装运，必须指派 3 名以上裁判员通宵守护。

第十二条　运送

一、装、卸赛鸽时要清点笼数，检查鸽笼和铅封是否完好。

二、采取火车运输，司放人员必须随车看守，运输途中要倒换鸽笼位置，喂水、喂食。

三、汽车运输在途中停留，必须有 3 名以上裁判员守护（集装笼式赛鸽车除外）做到人不离车并及时倒换鸽笼位置，喂水、喂食。

四、到达司放地后，必须有 3 名以上裁判员守护赛鸽，不允许委托他人或监放单位人员代替守护。

五、长距离项目和采用集装笼运输的比赛，可酌情减少司放裁判员。

六、运送赛鸽往返途中，随车人员（含司机）不得夹带任何鸽子。

第十三条　司放

一、司放点的场地要开阔，有利于赛鸽起飞，司放时间要保密，禁止非工作人员进入司放场地。

二、司放前，让赛鸽充分休息（不少于 2 小时）。司放后立即将开笼时间、地点、坐标和天气情况电告总裁判长。国家赛或省级联赛司放时间的确定以司放地天气情况决定。

三、司放时，有雾待清、有雨待晴。遇雨、雾、沙尘暴等恶劣天气，司放裁判长有权更改司放时间，但不得更换司放地点。

四、使用散笼运输，途中如铅封损坏或有赛鸽逃笼，其余赛鸽必须重新加盖暗记章。

五、在司放前发生逃笼时，司放裁判长有权决定立即开笼，司放时间为逃笼时间。

六、使用集装笼运输，如鸽笼、铅封损坏，必须延期或取消比赛，不得按原计划司放。

七、司放前加盖的暗记章，可由监放的信鸽协会提供，也可由司放单位自带。自带的暗记章，必须加封并由监放裁判员开封、审核。所使用的暗记章必须在监放单备注栏留底备查，并注简单说明。

八、司放地发生逃笼情况的处理

（一）在司放点准备过程中发生赛鸽逃笼

1．采用散装笼运输，必须重新加盖暗记章。

2．采用连环开启式集装笼运输，必须延期或取消比赛。

（二）等待发令时，发生赛鸽逃笼

1．立即采取紧急措施控制局面，防止其他赛鸽继续逃笼，最大限度减少逃笼鸽数，其余赛鸽仍按原定司放时间开笼。

2．立即鸣枪开笼，记录发生逃笼的单位及逃笼时间，司放时间为赛鸽逃笼时间。

第十四条　监放

一、监放单位必须是中国信鸽协会所属县以上的信鸽协会。其他信鸽组织（含俱乐部、公棚）无权接受监放工作，否则成绩无效。

二、监放人员负责对司放全过程进行监督，检查赛鸽笼数、羽数、铅封情况以及司放协会随车裁判员等级、人数，复核司放地坐标，逐项填写监放单并签名，加盖监放单位公章。

三、无比赛承办单位公章的监放单，协会和裁判员不得执行监放任务。

四、担任监放工作的裁判员必须由司放地信鸽协会选派。由上级指派的异地裁判员只负责监督工作（国家赛、省级联赛及特殊情况除外）。

五、监放裁判员和监放人员必须设2名以上。

六、公棚赛的监放工作由公棚所在地的省级信鸽协会向司放地省级信鸽协会联系执行，否则成绩无效。

七、主办协会应事先与司放地信鸽协会联系执行监放裁判工作。如当地无信鸽协会，必须请上级协会指定离司放点最近的信鸽协会进行监放。

八、监放单位应协助司放单位做好安全、保卫工作。

第十五条　报到

一、必须设 2 名记录裁判员，按报到顺序核实归巢鸽的材料并进行登记。

二、由记录裁判组审核信鸽竞翔报名单、归巢鸽、足环证、软环和暗记章。

三、持鸽报到

赛鸽归巢后，参赛者应持归巢鸽、足环证、信鸽竞翔报名单、会员证迅速到指定地点报到，归巢时间为持鸽至报到地点时间，不扣除路途时间。

四、鸽钟报到

赛鸽归巢后，迅速将专用软环打入鸽钟，在规定时间内持鸽钟、归巢鸽、足环证、信鸽竞翔报名单、会员证到指定地点报到。

出现下列情况按持鸽报到办法计算成绩。

（一）未能在规定时间内送鸽；

（二）鸽钟表壳损坏、数据丢失、不显示或软环位置与鸽钟显示数字不符；

（三）漏打“孔”以后的归巢鸽。

五、使用竞翔软件报到

在规定时间内持鸽钟、归巢鸽、足环证、信鸽竞翔报名单和会员证到指定地点报到，由裁判组确认有效报到时间，审核信鸽竞翔报名单、归巢鸽、足环证、软环和暗记章，填写“电脑报到登记表”一式两份，协会和会员各执一份备查。

若计算机或鸽钟出现故障，按“电脑报到登记表”记录的时间减鸽钟走时计算成绩。

六、使用信息台报到（168台）

采用信息台报到，必须经比赛主办单位批准，要有监督和防作弊措施。上报的成绩，必须使用规则规定的表格，信息台必须提供电脑记录原件（不得加工复制），由裁判组审核排名。

七、使用电子扫描鸽钟报到

上报的成绩，必须使用规则规定的表格，竞翔软件应兼容鸽钟和持鸽报到两种形式。

八、报到组必须有1名上级指派的裁判员；裁判员的工作时间由协会依具体情况确定。

九、埠际比赛必须互派裁判员，第1羽赛鸽归巢时，各单位应立即以最快速度通报比赛主办单位。

第十六条　查棚

一、必须设2名查棚裁判员，赛鸽归巢报到后立即联络鸽主，尽快实施查棚。

二、参赛者应妥善管理归巢鸽，查棚前死亡、丢失或因羽毛严重损坏及疾病丧失飞翔能力的赛鸽，其成绩无效。

三、复核的坐标与原登记坐标数据误差较大时（超过50米），按复核后的坐标数据计算成绩。

四、对有意拖延不予合作或有舞弊行为的会员，取消成绩和排名，开除会籍。

第十七条　距离测定和分速计算

一、比赛空距统一使用中国信鸽协会指定的GPS（地球卫星定位仪）测量。成绩计算统一使用经中国信鸽协会审定的竞翔软件。

二、以起点（司放现场）和终点（参赛者鸽棚或公棚）为坐标测量空距，计算单位为米。测量单位采用度、分、秒制。

三、比赛的实际空距允许比赛项规定的距离少5%。

四、有效归巢时间为每天日出前30分钟至日落后30分钟。归巢时间计算必须统一使用中国信鸽协会颁布的协会所在地省会城市的日出日落时间表。

五、平均分速计算公式：

平均分速 = 距离（米）/时间（秒）计算结果换算成米/分(保留小数点后四位)。

第十八条　名次评定

一、单鸽赛以分速排列名次，分速高者名次列前；分速相同时，赛距远者名次列前；再相同，名次并列，取消下一名次。

二、相等羽数的指定鸽赛，以其归巢鸽数的百分比排列名次，归巢率大者名次列前；归巢率相同，以平均分速排列名次，分速高者名次列前。

三、多关赛

按每羽赛鸽在每次比赛的成绩计算得分，得分少者名次列前。

计算公式：

$$\left(\frac{\text{首关名次}}{\text{首关参赛羽数}}+\frac{\text{二关名次}}{\text{二关参赛羽数}}+\frac{\text{三关名次}}{\text{三关参赛羽数}}+\cdots\cdots\right)\times 1000=\text{得分}$$

四、团体赛

方法一：以各单位赛鸽名次的积分决定团体名次，总分多者名次列前；如总分相同，以首羽赛鸽的分速决定名次，分速高者名次列前。

1．先按参加决赛鸽总数的20%比例录取单鸽名次，再以各单位参赛鸽分速计算得分。

2．第一名的得分为1000分。

3．第二名的得分＝第二名分速×1000÷第一名分速（保留小数点后两位）。

4．第三名和以后名次得分计算方法依此类推。

方法二：以相同赛鸽羽数的平均分速决定名次，分速高者名次列前。

五、综合排名

某一会员的参赛鸽在若干站比赛中的总排名。

积分计算办法：

方法一：以每站赛鸽积分之和排列名次，积分多者名次列前。

1．先计算某站比赛中同一会员所有参赛鸽的得分（得分计算办法同团体赛）。

2．用累计得分除以本人报名参赛鸽数，得出本站积分(最低报名参赛数量为4羽，不足4羽仍除以4)。

方法二：以相同赛鸽羽数的平均分速决定名次，分速高者名次列前。

1．先计算相同羽数的赛鸽在每站比赛的平均分速。

2．累计各站的平均分速，再除以比赛站数得出平均分速，分速高者名次列前。

第二部分　公 棚 赛

第一章　场地器材

第一条　公棚

一、公棚必须设在有利于赛鸽开家、驯飞，周围环境没有污染，不影响四周居民、机关正常生活及工作的地区。观众区场地应远离鸽舍（20 米以外），保证赛鸽不受干扰顺利归巢。

二、公棚总占地面积不少于 3000 平方米，鸽舍占地面积不少于 300 平方米。

三、公棚供电及上下给、排水和消防设施完善。

四、公棚必须设置隔离棚、观察室、消毒室、饲料库、电脑室（裁判室）、组委会办公室及卫生间。

第二条　鸽舍要求

一、鸽舍应干燥、通风、朝阳，并设晒棚；鸽舍底面用支架连接成网状平面与地面隔离，高度不低于 20 厘米。鸽舍内不设巢窝，只备栖架，鸽舍前面必须有起飞、落棚的空间，饲养密度限每平方米 6 羽（不含晒棚面积）。

二、鸽舍搭建应美观、坚固、结构合理，选用无公害材料。

第三条　计时器材

一、公棚必须配备中国信鸽协会认可的电子扫描计时设备，加装显示设备（大屏幕或监视器），比赛成绩精确到百分之一秒。

二、公棚必须设双路电源，以保证电子计时系统和计算机正常工作。

三、配备计算机、复印机，保证比赛成绩的及时公布。

四、公棚应设电子邮箱和网址，以便参赛者查询比赛和公棚的有关信息。

第四条　专业人员

公棚必须设专职的管理人员，包括行政、财务、兽医、饲养、训练和计算机操作等，确保公棚各项工作正常运转。

第二章　公棚守则

第五条　比赛限制

比赛收鸽时间不允许超过 60 天，每次比赛间隔不得少于 5 个月。允许同期收鸽进行不同项目和不同名称的比赛。不允许同一个公棚分期收鸽，交叉举办相同或不同类型的比赛。

第六条　公棚管理

公棚必须制定并严格遵守卫生防疫制度，管理训养制度，工作人员守则。

第七条　赛鸽管理

一、严禁病鸽及不符合规则和规程要求的赛鸽参赛。

二、公棚必须设隔离棚，对新入棚赛鸽进行仔细观察，并于一周内接种新城疫疫苗，定期、定时消毒鸽棚。

三、不得使用变质、发霉饲料。

四、除伤病鸽外，承办单位应对所有赛鸽的饲养、管理、训练同等对待。

五、禁止给赛鸽套识别环。

六、做好鸽舍卫生、灭蚊和预防其他小动物侵害等工作，努力减少参赛鸽意外伤亡。

七、工作人员必须着统一的工作服并进行严格的消毒后出入鸽舍。

八、加强鸽舍安全保卫和防疫工作，除饲养、管理和监督人员外，严禁其他人员进入鸽舍。

九、用信函、电话、声讯台或计算机网络向参赛地区和会员通报收鸽、驯放和预、决赛情况，无论采取何种形式，通报不得少于3次。

十、按时向监管协会上报收鸽、饲养、查棚、驯放和比赛等有关情况。

第八条　训放

一、开家训练

赛鸽入棚熟悉环境后，在不少于一周、不超过二周的时间内完成“开家”训练。

二、日常训练

每天至少两次定时训练，每次驯飞不能少于60分钟；驯飞时注意培养赛鸽快速进棚的习惯。

三、强度训练

必须按规程规定的次数和距离有计划地由近至远地进行驯放，遇到恶劣气候可以更改驯放日期。首次训放，必须由监管协会或委派的裁判员核查赛鸽存棚羽数，核实后的资料须上报监管协会；未经裁判员签字的查棚资料，不允许对外公布。

第三章　比赛通则

第九条　报名及收鸽

一、团体赛报名

按竞赛规程的要求，以协会为单位报名。

二、个人报名

（一）国际比赛的国内参赛者必须向中国信鸽协会报名。

（二）公棚相关人员不得以任何方式参赛。兼办种鸽舍的公棚，不得开展“代挂足环，参加本公棚比赛”的业务。否则以作弊论处，向全国通报。

（三）参赛者必须详细填写报名单或参赛卡，交纳报名费和参赛费。无论何种原因，如在训放开始后仍未交参赛费者，成绩无效。

（四）对有意不收“特殊身份”参赛者参赛费的公棚（境外会员、协会领导和裁判员等），将以作弊行为向全国通报。

三、收鸽

（一）幼鸽必须为25～35日龄，并套有所属协会当年正式足环。

（二）收鸽时间最长为60天，承办单位不得擅自延长。

（三）由主办和监管信鸽协会派裁判员检查、核实集鸽情况，收鸽截止日10天后，游棚、病亡鸽不能再补送。

（四）当国家授权机构发布某一地区出现禽类疫情时，承办单位有权拒收该地区赛鸽；如在公棚内发现疫情，应由国家检疫部门确认，并视疫情销毁部分或全部赛鸽；公棚应退还会员参赛费（可扣除饲养费），不赔偿参赛者损失。

（五）收鸽时，录入参赛鸽资料后必须现场将原足环密封，训放开始前必须套电子足环。

（六）收鸽结束后，将参赛鸽信息原始数据库和原始材料拷贝封口，连同复印件报送主办或监管协会封存。

（六）收鸽截止日起10天后公布收鸽参赛者名单及有关信息。

第十条　预、决赛集鸽

一、将棚内赛鸽集中，由协会选派的裁判员进行赛鸽电子足环扫描，核对号码、检查电子环的灵敏度等工作。期间应密切注意电脑显示屏序号与集鸽数是否吻合。

二、将确认后的赛鸽逐羽放入集装笼内并实施铅封，运送至司放地。

三、预赛和决赛前必须公布参赛者名单、赛鸽足环号码及电子环号码等信息。

四、集鸽完毕，鸽舍应彻底清空、加封。

第十一条　运送、司放、监放

按照“常规比赛”规则有关条款执行。

第十二条　名次录取

一、按照电子计时系统确认的成绩排列名次。

二、比赛中如电子计时系统出现故障，可使用人工计时。不能区分的成绩，名次并列，奖金平均分配；如所有成绩不能区分，则取消本次比赛排名，奖金由在有效报到期内的归巢鸽均分。

三、如在有效报到期内归巢赛鸽数量未达到规程应录取的名额，已排定的名次按规程发奖，剩余名次的奖金由参加决赛获名次的赛鸽均分；决赛无赛鸽归巢，奖金由所有参加决赛的赛鸽均分。

四、指定鸽赛、综合排名及团体赛名次录取办法按常规比赛规则有关条款执行。

第三部分　品 评 赛

第一章　品评通则

第一条　资格

品评赛是信鸽在取得竞翔比赛优胜成绩的基础上进行的“选美”比赛，意在推崇外在美与速度的结合，促进赛鸽品种的改良，表彰在速度和耐力方面突出且身体各部位结构特征优秀的赛鸽。

全国比赛，省级协会每个级别可选送雌、雄各一羽赛鸽参加。

省以上协会批准的公棚赛、俱乐部赛成绩可代表本地区参加上一级品评赛。

第二条　报名

全国品评赛以省级协会为单位报名，报名表必须经省级体育行政部门或行业体协确认并加盖公章。

第三条　送鸽

参赛鸽必须指定专人护送和管理，以确保赛鸽安全和会员利益。

第四条　报到检录

报到时，交验参赛鸽并出据信鸽竞翔报名单、电脑报到登记表、信鸽竞翔监放单、信鸽归巢报到顺序表、查棚验鸽报告单、信鸽竞翔成绩报告表、足环证（影印件无效）等竞赛资料。

第五条　保密

密封参赛鸽足环号（封环材料应一致），按参赛级别项目统一编号。

第六条　鸽笼

品评用鸽笼应适合赛鸽舒适站立，设有双底、粪盘、食槽、水罐，采用条形网状结构，可透视、稳定、牢固，出口处大小应便于裁判员取放赛鸽和铅封。

第七条　编号

将品评鸽笼按比赛级别、项目分组编号，并依次排列。

第八条　回避

裁判员不得给自己的参赛鸽打分。如裁判员有赛鸽参加比赛，应及时向裁判长报告，由裁判长根据“回避”的原则，另行安排工作。

第九条　评分

全国品评赛的主要裁判员由中国信鸽协会选派，各省级信鸽协会选派1名一级（含一级）以上裁判员参与评分工作。评分裁判员7人一组，按评分标准分别对参赛鸽进行打分，去掉一个最高分和一个最低分，取其他5位裁判员评分之和的平均数（保留小数点后两位），作为参赛鸽的最后得分。

第十条　名次

按参赛鸽的得分排列名次，得分高者名次列前；如得分相等，则依5个有效分中最高分决定赛鸽的名次，得分高者名次列前，以此类推。

第二章　评分办法

第十一条　外貌和神态　30分

一、体形匀称　10分

赛鸽站立时双脚左右距离稍大，两腿长度适中。从正前方看去，双腿必须是直的，从侧面看去，脚踝处略带弯曲。赛鸽站立的最佳姿势是：以眼睛部位为高点，以尾部为低点，画一条斜线与水平线约成40~50°角。

二、外貌及表现力　10分

一羽优秀的赛鸽必须具有健康、强壮的体态，以及聪慧、冷静、自信的神态。特别要给人一种平衡的感觉，以协调、和谐构成个体之完美、对称及平衡。

三、眼睛　5分

眼睛是鸽子最吸引人的部分，眼球大小适中。眼睛明亮、炯炯有神、干洁；眼睑（俗称眼皮）紧包眼球；瞳孔色深，对光反应敏捷。

四、羽毛质量　5分

羽质要求丰满、光滑，色泽光亮，羽枝细如丝，紧密排列的羽毛扁而薄且具弹性，片片相叠，紧贴全身，以难于分辨各片的边缘为佳。

第十二条　头、颈部　15分

一、头部隆起，中央略高，与身躯比例适当，前额宜宽，后脑丰满发达（3分）。

二、喙与头、躯干比例适中，色泽似蜡或玉；嘴的前端要细，后端粗而紧闭无缝隙（3分）。

三、鼻瘤要洁白，以长、窄、紧并左右对称为佳（3分）。

四、颈部必须强壮，长短、粗细适中，颈部与胸部连接处平坦过度，昂首挺立（6分）。

第十三条　骨骼　10分

骨骼要求结实且韧性良好，胸骨的曲线成卵形，尾部趋向紧闭。鉴别骨骼的方法：双手握鸽，用两个大拇指在两翼的顶部轻压突出的胸椎，其结构坚实，并且对压力有较强的弹性。

第十四条　肌肉　20分

一、手感和目测：用手指压迫肌肉，肌肉有弹性，感觉像是充满气的轮胎。吹开羽毛目测时，如表皮层呈黄油色，属脂肪过多，训练不足（5分）。

二、胸腹部：宽阔有力，丰满有弹性。胸大肌与胸小肌是飞翔的主要动力来源，伸展时应丰满强壮，脂肪少而富于弹性，腹肌薄而有力（5 分）。

三、腰背部：腰粗壮结实、匀称成流线型，背部宽阔、流畅平展（5 分）。

四、双翼部位的肌肉厚而强壮，尾部肌肉强健有弹性，平稳地支撑着尾羽，以适应各种飞行姿态的需要（5 分）。

第十五条　翼羽　17 分

一、主翼羽左右一般各 10 根，副翼羽 12 根，长短适中；主翼羽的上部厚而短，完全被羽毛覆盖，张开时稍向内侧弯曲（5 分）。

二、主翼羽的末端可达尾端 2 厘米处。羽毛必须平滑、平坦地覆盖，表面无空隙，羽茎强壮而富有弹性（5 分）。

三、10 根初列长羽必须完好清洁，没有皱纹、蚀洞或其他不完美的痕迹（4 分）。

四、整个翼羽表面平滑，像天鹅绒；翼羽在手中展开时，必须柔软而结实，收羽时，没有猛然收进的动作或软弱无力的情况（3 分）。

第十六条　臀、尾部　8 分

一、尾部要丰满略成下垂。12 根尾羽，中央的一对最长。尾巴在飞行时具有“舵”的作用，下降时张开，以保持平衡。尾部要求略短而束成“Ⅰ”字型，平时尾巴处在折叠状态。尾羽的羽茎必须强壮（4 分）。

二、臀部应协调、光滑、开阔，并逐渐向尾部收缩，形成一个连结良好、组织紧密的实体，与下臀部形成一个整体性的结构（4 分）。

第四部分　附　则

第一章　比赛要求

第一条　举办者

一、举办全国或国际大奖赛（含公棚赛）必须经省级体育行政部门报国家体育总局批准。

举办者必须遵守以下规定并写出书面保证：

1．遵守国家法律和《信鸽活动管理办法》。

2．严格执行信鸽竞赛规则。

3．比赛总奖金额不得低于参赛费总和的 60%（公棚赛不低于 30%）。

4．比赛集鸽前 6 个月向中国信鸽协会提出举办比赛申请并交纳 1500 元人民币。

中国信鸽协会对获得批准的比赛，均可派代表或裁判员出席，以确保比赛遵守规则和规定。派出人员的差旅费和在当地的食宿费由比赛举办者负担。派出代表或裁判员应在比赛结束后 30 天内向中国信鸽协会提交比赛情况的书面报告。

二、不得组织和举办佩戴非全国统一足环的信鸽比赛（国际比赛除外）。

第二条　公布名单

举办大奖赛和公棚赛，集鸽完毕后必须公布参赛者名单和参赛鸽羽数及环号。

第三条　参赛费和奖金

大奖赛在有效报到期限内无赛鸽归巢(不含公棚赛)，组织者必须退还会员80%的参赛费。

第四条　监放单位

监放单位不得以营利为目的收取比赛举办单位费用。监放人员差旅、食宿及劳务补助由举办单位负责。

第二章　处　罚

第五条　比赛作弊

一、在比赛中弄虚作假(伪造暗记、拆改计时鸽钟、设置AB棚、虚报空距等)，一经查实取消获奖名次，收回奖品奖金，并视情节轻重给予警告、停赛、开除会籍的处分。

二、在比赛中裁判员或工作人员违反规则(藏留参赛鸽，私带参赛鸽往返，中途司放赛鸽，在空白监放单上签字、盖章，虚填鸽钟走时、空距，更改比赛数据，私刻、伪造暗记等)，一经查实，给予停止裁判工作、降低裁判等级或撤消裁判员等级的处罚。

第六条　妨碍比赛

对于扰比赛正常进行和裁判员正常工作的会员，裁判员有权对其提出警告，并视其情节轻重给予取消参赛资格或取消比赛成绩的处罚。

第七条　举办者

举办者违反规定，有下列情形之一的，视情节轻重分别给予警告、通报批评、停赛的处罚。

一、不遵守公棚守则和竞赛规则。

二、不按照拟定的竞赛规程组织比赛。

三、故意不收取关系单位和个人赛鸽的参赛费。

四、利用工作之便徇私舞弊。

第八条　监放单位

对故意刁难和以监放为理由，收取比赛举办单位高额费用的协会，一经查实给予警告、停发下年度统一足环、取消协会年度比赛资格(不承认比赛成绩)、取消会籍的处罚，并向全国通报。

第九条　裁判员

对在比赛过程中出现重大失误的裁判员给予停止裁判工作、降低或撤消裁判员等级的处罚。

第十条　申诉

参赛者有权对竞赛中出现的有争议的问题以书面形式向仲裁委员会上诉。上诉时须交纳 500 元申诉费。胜诉如数退款，败诉不再退款。

第三章　专业术语

第十一条　竞翔

测定赛鸽飞行速度的比赛。

第十二条　品评

在竞翔成绩的基础上进行的选美比赛。

第十三条　足环

信鸽身份的标记，以识别赛鸽所属国家、地区、年代和协会。填表时使用统一代码。

第十四条　足环证

会员拥有信鸽的所有权凭证。

第十五条　血统书

证明信鸽血缘、遗传关系和出身的凭证。

第十六条　性别

填表时统一使用“雄”或“♂”“雌”或“♀”。

第十七条　眼砂

填表时统一使用“黄”“砂”“牛”表述。

第十八条　羽色

统一使用以下中文或英文缩写表示：

中文	英文缩写
白	W
灰	B
黑	BLK
红(绛)	R
花	G
银白	S
雨点	C
灰雨点	B．C
红楞	R．B
深灰	D．B
深雨点	D．C
灰白条	B．W
雨白条	C．W
绛白条	R．W
麒麟花	M
花绛	GR
白花	WG

第十九条　解释权

本规则的解释权属中国信鸽协会。

信鸽竞赛裁判法

一、目的

（一）确保《信鸽竞赛规则》的实施。

（二）提供裁判工作具体实施依据。

（三）保证信鸽竞赛顺利进行。

二、裁判员应具备的条件

裁判工作是信鸽竞赛的重要组成部分，裁判工作水平的高低直接影响比赛的进行和比赛的结果。裁判工作具有组织、教育、宣传和推动信鸽运动发展的作用。

裁判员应具备下列条件：

（一）热爱信鸽运动，有事业心和责任感；不图名利，不计较个人得失，遵守裁判职业道德，作风正派，不徇私情，坚持原则，敢于同不良倾向作斗争。

（二）精通业务，正确理解规则的精神实质和含义。在裁判工作中严格准确地执行规则，及时处理出现的各种问题。

（三）刻苦钻研和实践，掌握信鸽裁判工作的规律和特点。在实践中发现问题并解决问题，不断提高裁判工作能力，更好适应信鸽运动的发展。

（四）带头遵守各项规章制度，互相支持，搞好团结。

（五）以竞赛规则和比赛规程为基准，严肃、认真、公正、准确地完成竞赛裁判任务。

第一部分　竞 翔 赛

第一章　组织机构及职责

第一条　组织机构

一、仲裁委员会 3～5 人

二、裁判委员会

(一) 总裁判长 1 人

(二) 副总裁判长 1～2 人

(三) 集鸽裁判长 1 人，集鸽裁判员若干人。

(四) 司放裁判长 1 人，司放裁判员若干人。

(五) 监放裁判长 1 人，监放裁判员若干人。

(六) 报到裁判长 1 人，裁判员若干人(包括记录、查棚裁判员和计算机操作人员)。

三、区、县级比赛可视本地区具体情况，参照本条规定设置竞赛机构，人员可以压缩和兼职。

第二条　仲裁委员会职责

根据需要设仲裁委员会，执行“仲裁委员会条例”。其主要职责是：按规则处理各项抗议申诉，同时对比赛中提交仲裁委员会的有关事宜作出裁决。仲裁委员会的裁决为最终裁决。

第三条　裁判委员会职责

一、总裁判长

（一）全面主持裁判工作。

（二）赛前制定裁判工作和学习计划。

（三）负责裁判人员的分工，任命裁判组长。

（四）组织裁判员赛前的学习、实习和考核。

（五）与竞赛委员会保持联系，及时解决竞赛有关问题。

（六）宣布裁判工作的各项规章制度与纪律要求。强调比赛过程中的注意事项，并解答有关问题。

（七）研究制定有关裁判工作的临时规定及措施，报大会竞赛委员会通过后执行。

（八）赛前检查场地、器材及一切裁判用具的准备情况。

（九）检查各裁判组和裁判员的工作。

（十）根据规则解决比赛中出现的问题，凡规则未涉及或表述不清的问题，有权作出临时决定。

（十一）遇裁判员判定意见不一致时，可根据规则作最后决定。

（十二）在竞赛中，如遇裁判员有明显失误或违反规则，可视情节轻重对其提出警告或取消裁判资格，并有权对已作出的裁定作出更改。

（十三）有权对参赛者提出警告，取消犯规者参赛鸽的比赛资格和录取资格。

（十四）审核比赛成绩，确认并宣布比赛结果。遇到历史最好成绩时，应复核比赛全过程及竞赛中的一切手续。出现超常规成绩时，写出处理意见报告，提交仲裁委员会处理。

（十五）比赛结束后，组织裁判员进行总结，写出书面总结报送主办单位。

二、副总裁判长

（一）协助总裁判长完成各项竞赛裁判工作。

（二）受总裁判长的委托处理竞赛中的有关问题。

（三）负责分管的业务工作。

（四）负责裁判组的行政事务工作。

三、集鸽裁判长

（一）负责比赛的集鸽、审核工作。

（二）赛前召开全体集鸽裁判员会议，研究和布置裁判工作，明确责任，落实到人。

（三）根据比赛报名情况，合理安排上岗人员的工作；提前布置集鸽场地，检查鸽笼质量；准备好比赛用表格、暗记章、软环、封笼用具等。

（四）集鸽期间坚守岗位，发现问题及时解决。如遇重大问题，应及时报总裁判长处理。

（五）集鸽结束后，安排人员逐笼实施铅封(如用纸箱空运，应在纸箱四周加贴不干胶封条)，认真清点赛鸽笼数、羽数，逐项填写信鸽竞翔监放单并签字，经总裁判长确认后将全部赛鸽移交给司放裁判长。

四、司放裁判长

（一）全面负责司放裁判组的工作。

（二）赛前召开全体司放裁判员会议，研究和布置裁判工作，明确责任，落实到人。

（三）清点核对参赛鸽笼数、羽数，检查鸽笼、集装笼铅封质量，并带足饲料，发现问题立即解决。

（四）运输途中密切注意鸽笼及赛鸽情况，临时停留必须设 3 人以上专人值班，以保证途中赛鸽的安全。

（五）到达司放地后，根据预定方案选择司放场地，安排司放前的准备工作。如当天不能司放，要选择安全的存放地，并安排司放人员轮流守护，不得擅自离开。任何情况下值班人数不得少于 3 人(赛鸽车除外)。司放地信鸽协会只协助提供存放场所，不参与守卫工作。

（六）司放前，应会同当地监放人员使用 GPS 测量司放现场坐标点。司放时，在随车监放裁判员和当地信鸽协会的监督下启封开笼，完成司放任务。

（七）司放完毕，请监放人员在信鸽竞翔监放单上签字并加盖监放协会公章。

（八）安排司放后的返程工作，严禁司放人员私自带鸽返回。

（九）如司放裁判员违反规定，司放长必须及时制止并果断处理。事后书面向总裁判长如实汇报。

五、监放裁判长

（一）对司放全过程进行检查和监督。

（二）协助主办单位选择司放点、确定司放时间。

（三）等待开笼司放时如发生赛鸽逃笼，监放裁判长可根据当时情况作出如下决定：

1. 立刻记录逃笼时间，同时司放所有赛鸽，赛鸽逃笼时间为司放开笼时间；

2. 迅速查对逃笼鸽足环号码(连环开启式集装笼除外)；确认逃笼鸽身份，并取消其参赛资格，原定开笼时间不变。

（四）认真、逐栏填写信鸽竞翔监放单(监放单位意见栏不得空白)，签名后加盖监放单位公章。

（五）有权将违反规则的情况向中国信鸽协会裁判委员会报告，并如实填写监放单。

六、报到裁判长

（一）负责归巢赛鸽的报到、记录、查棚工作，协助总裁判长或副总裁判长检验归巢鸽及有关证件，计算成绩，统计归巢羽数。

（二）处理报到过程中发现的问题，必要时应及时报告总裁判长。

（三）赛鸽归巢报到后，立即安排对优胜鸽进行查棚。查棚时必须有两名裁判员在场。

（四）填写、打印比赛成绩册，送总裁判长审核后公布。

七、计算机操作员

（一）负责竞赛信息录入、成绩计算和电子计时系统的实际操作。

（二）计算机操作人员必须在裁判员的监督下进行工作，不得擅自更改比赛数据。

（三）计算机操作人员必须经过专业系统培训。

第二章　赛前准备工作

第四条　常规比赛

一、建立会员档案

赛前必须用 GPS 对所有会员的鸽棚经纬度进行测定并建立会员信息档案，GPS 测距参数设定要求：

（一）采用北京时间，12 小时制。

（二）确定当地的平均海拔高度。

（三）测量单位统一使用度/分/秒制(保留小数点后两位)。使用非度/分/秒制的 GPS 测量，输入计算机时应转换成度/分

/秒制。

二、将会员的鸽棚经纬度和比赛司放点经纬度输入计算机计算空距，以便计算竞赛成绩。

三、使用信息台报到的比赛，赛前应与当地信息台联系，确定比赛报到的热线号码，设定报到程序，并向会员公布。

第五条　公棚赛

一、赛鸽常用药品及疫苗准备。

二、对公棚进行彻底清洁和消毒。

三、检查器材设备，特别是计算机和电子计时设备。

第三章　集　鸽

第六条　常规比赛

一、集鸽前半小时，检查所需用品、用具，领取暗记章、竞赛用软环或覆盖式密码环、电子扫描环等。

二、布置场地，检查鸽笼质量，根据需要喷洒消毒药水，并保证集鸽场所出入口的畅通(夜间必须安装好照明设施)。

三、根据实际需要进行分组，每组裁判员不得少于2人。

四、按竞翔报名单逐羽核对参赛鸽足环，严禁病鸽和其他不符合规则要求的赛鸽入笼。

五、加套比赛软环、粘贴密码环或加盖暗记章。

六、使用密码环的比赛，须在竞翔单上粘贴另一份相同号码环。

七、集鸽时应加强防作弊和防逃笼措施。

第七条　公棚赛

一、比赛收鸽

（一）认真审核参赛鸽资格（足环年份、代码、足环号码等），参赛鸽情况与填写的参赛卡内容及录入的电子数据库资料应完全一致。

（二）严禁病鸽与其他不符合规程要求的赛鸽入棚。

二、决赛集鸽

对获得参赛资格的赛鸽逐羽进行电子扫描检录，剔除伤病鸽。特殊情况处理：

（一）损坏或不能检录的电子环应立即重新更换并记录在案。

（二）电子数据库内资料与赛鸽本身环号不符时，以原始参赛卡为准进行修正。

（三）如赛鸽未带电子环，应核对原始数据库，确认有参赛资格的赛鸽，补带电子环；原始数据库没有记录的，承办单位应提供参赛卡，没有参赛卡或足环号码与记录不符的赛鸽不能参赛。

（四）因伤病或其他原因不能通过检录和参赛的信鸽，应将会员名单、赛鸽足环号码报裁判长签字后公布。

第四章　运　输

第八条　司放裁判员

一、随车监放、司放裁判员和工作人员在任何情况下都不得离开鸽笼，发现异常情况要及时处理，并如实记录在监放单上。

二、主办单位应给司放裁判员和工作人员办理第三者人身保险。

第九条　集装笼运输

一、认真检查车辆状况，检查所带饮水器具、饲料的质量和数量。

二、依赛鸽数量和运输方式确定司放人员的数量。

三、长途运输必须配备副驾驶员，以保证司机途中休息，确保赛鸽途中安全。

四、准备特殊情况的应急措施。

第十条　散笼运输

散装笼在运输途中要按时供水、供食、倒笼，装卸时随时清点，随时检查鸽笼及铅封情况。

第十一条　公棚、俱乐部比赛

必须由比赛监管协会通过省级协会向司放地省级协会商请监放事宜；司放裁判员必须由省级协会选派。

第五章　监　放

第十二条　工作要求

裁判员必须受当地协会指派，才能执行监放工作；监放时，携带裁判员等级证书、协会公章、裁判员章，按规则要求进行监放。

第十三条　工作程序

一、确认信鸽竞翔监放单盖有比赛举办单位公章(公棚赛应加盖监管协会公章)，否则不予监放。

二、按监放单内容逐项确认随车司放裁判员人数和身份，核对赛鸽笼数、羽数。

三、检查赛鸽笼有无损坏、松动，铅封是否完好，核对铅封印模。

四、采用散装笼运输时，如在开笼司放前发现异常情况，应重新加盖暗记章，比赛可继续进行。

五、采用连环开启式集装笼运输时，如在司放开笼前发现异常情况，监放人员应如实在监放单上填写所发生的情况并加盖公章。由比赛主办单位决定改期或取消比赛。

第六章　报　到

第十四条　常规比赛

一、使用鸽钟和竞翔软件报到

(一) 报到确认组(2名裁判员)

1. 检验鸽钟并将报到时间填入电脑报到登记表(一式两份)或归巢报到顺序表。

2. 锁定鸽钟，按顺序依次登记鸽钟走时，注明报到次数并签字。

3. 开启鸽钟，转入电脑报到裁判组或记录裁判组。

(二) 电脑录入组(2名裁判员)

1. 连接电脑传入鸽钟走时数据。如系统有故障，将电脑报到登记表记录的数据手工输入电脑。

2．将鸽钟、电脑报到登记表转给记录裁判组。

（三）记录裁判组(3名裁判员)

填写足环号码、性别、羽色、眼砂，确认鸽钟、密码软环、足环证、归巢鸽和暗记章，核实无误后由会员和裁判员签字，将一份电脑报到登记表存档，另一份交会员。

（四）持鸽报到，直接填写归巢报到顺序表计算成绩。

二、使用信息台(168信息台)报到

（一）常规报到方式：在规定时间内持鸽钟、归巢鸽、信鸽竞赛报名单、足环证和信鸽归巢报到顺序表(事先按协会要求填写)到指定地点报到。

（二）全信息声讯报到

1．赛鸽归巢后，参赛者按照设定好的程序(密码号、会员证号、足环年号和顺序号等)逐项拨打输入有关信息，完成报到程序。

2．协会在规定时间内按顺序公布原始报到信息。

3．将原始报到数据输入计算机排列成绩。

4．在规定的时间内，由裁判员核对确认参赛者会员证、足环证和赛鸽密码号。

5．防作弊措施：

(1) 与信息台事先签定有关协议。

(2) 安排裁判员到信息台机房进行监督。

(3) 按规则要求进行查棚。

三、电子扫描鸽钟报到

第十五条　公棚赛

一、赛鸽归巢前，检查扫描板感应性能、按口及计时系统各部件连接情况，确认数据库清空，计算机处于等待记录状态。

二、赛鸽归巢时，通过显示屏密切观注赛鸽归巢后电子扫描情况，发生意外情况时，果断采取补救措施。

三、发现计算机不显示入棚赛鸽信息时，应立即捕获查明该鸽身份，并及时发出公告。

第七章　查棚验鸽

第十六条　裁判员

必须设2名裁判员负责查棚工作。

第十七条　查棚时间

赛鸽归巢报到后，裁判员应及时与获得优胜的会员取得联系，进行查棚。否则成绩无效。

第十八条　工作程序

一、核对竞翔报名单、电脑报到登记表和归巢报到顺序表，复核鸽棚坐标点及在协会注册的棚址。如空距误差较大，按复核后坐标计算成绩。

二、核对优胜鸽足环号、性别、眼砂、羽色、暗记和比赛用软环。

三、将优胜鸽带离鸽棚100米外放出，如赛鸽放出后不归巢，成绩无效。

四、填写查棚验鸽报告单，并请鸽主签字；未经鸽主签字的报告单视为无效。

第八章　成绩汇总

第十九条　要求

在规定的时间内，将成绩进行汇总和排名，并按规定的表格式样整理好全部材料，经协会、体育行政管理部门审查、盖章后逐级上报；国家赛还必须同时上报比赛成绩数据软盘。

第二十条　表格

统一使用由中国信鸽协会指定的软件计算比赛成绩和打印表格，否则不能上报。

第二部分　品 评 赛

第一条　裁判组织

一、总裁判长 1 人

二、副总裁判长 2 人

三、报到裁判员 4 ~ 6 人

四、评分裁判员 14 ~ 21 人

五、记录裁判员 2 ~ 3 人

第二条　裁判组职责

一、总裁判长：负责品评赛的组织工作和对规则的解释。其他职责同竞翔比赛。

二、副总裁判长：协助总裁判长的工作，负责参赛鸽的报到、资料审核、场地器材和成绩统计。其他职责同竞翔比赛。

三、报到组

(一) 负责核对赛鸽资料并验收参赛鸽。

(二) 负责对赛鸽进行保密措施的处理和饲养管理。

(三) 品评赛结束后，负责退还参赛鸽资料和赛鸽。

四、评分组

按比赛级别和组别将裁判员分为若干小组，每个小组由7名不同地区的裁判员组成，在组长的带领下，依据品评赛的评分办法独立工作，分别给参赛鸽打分。

五、记录组

负责品评赛的记录、成绩计算和排列名次。

第三条　收鸽

一、按规程审核参赛鸽资料，接收赛鸽，病鸽、违反规则或规程的赛鸽不予接收。

二、填写品评赛报到证明单一式两份，参赛单位、裁判组各执一份。

三、将所有参赛鸽足环用同样材料标记封住，按参赛级别编号入笼、铅封，定时喂水喂食。

四、不允许裁判员泄漏参赛鸽笼号及参赛会员的姓名，评分结束前拒绝参观。

第四条　评分

一、按品评细则要求逐羽给参赛鸽打分。期间，裁判员不得互相交流和讨论，不允许探听和查阅其他评分组情况。

二、评分结束后，裁判员在品评赛评分表上签名后交组长。

三、组长将若干裁判员的评分结果填入品评赛成绩记录表，采取去掉一个最高分和一个最低分，取其他几位评分之和的平均数(保留小数点后两位)，为该参赛鸽的最后得分。经复核确认签字后，送交记录组。

第五条　排定名次

一、将每羽参赛鸽的最后成绩填入品评赛成绩总表，由记录裁判长审核签名。

二、在记录裁判长监督下，按品评结果逐羽核对赛鸽，公布足环号码、填写品评赛成绩总表，交总裁判长签字公布。

附　　件

附件一

信鸽裁判员技术等级制度实施办法

社体字［1995］217号

一、技术等级的要求

各级裁判员都必须热爱信鸽事业，热心信鸽竞赛裁判工作；积极完成本职工作，努力钻研信鸽竞赛规则和裁判法；熟悉信鸽运动技术，在执行裁判工作中，做到严肃、认真、准确；身体健康，视力良好，年龄在65岁以下。

（一）国家级裁判员

1．精通该项竞赛规则和裁判法，并能准确、熟练地运用；具有较高的裁判理论水平和丰富的实践经验；具有组织该项竞赛的全面裁判工作能力。

2．在全国比赛中，担任过正、副裁判长；具有三次以上全国比赛部门正、副裁判长的经历。具备训练一级以下各级裁判员的业务能力。

3．具有三年以上一级裁判员的经历。

4．掌握竞赛规则中的英语术语和裁判员用语。

5．参加由中国信鸽协会组织的理论和实践考试，成绩达到优良。

6．考试内容

理论：信鸽竞赛规则、裁判法和有关内容；

实践：临场比赛的实际裁判能力；

外语：英语日常用语，专项术语。

（二）一级裁判员

1．熟练地掌握与运用信鸽竞赛规则和裁判法，具有一定的裁判理论水平和实践经验，基本具备该项竞赛的全面裁判工作的能力。

2．从事全国信鸽比赛裁判工作两次以上，并能胜任省级比赛正、副裁判长职务。

3．具备培训二、三级裁判员的能力。

4．具有三年以上二级裁判员的经历。

（三）二级裁判员

1．熟悉信鸽竞赛规则和裁判法，能较准确地运用，具有一定裁判工作经验。

2．从事省级比赛裁判工作两次以上，并能胜任县级比赛裁判长职务。

3．具有三级裁判员经历两年以上。

（四）三级裁判员

懂得信鸽竞赛规则，并基本上能正确运用，或参加过当地体委举办的信鸽裁判员培训班学习，能担任市、县级信鸽竞赛的裁判工作。

二、申请与审批手续

（一）具备申请信鸽技术等级条件的裁判员，必须填写统一印发的《等级裁判员申请表》，经所在单位和所属信鸽协会推荐并签署意见，报具有相应批准权限的体委审批。

（二）国家级裁判员、一级裁判员除进行必要的考核外，还须经过考试。国家级裁判员的考试，由中国信鸽协会负责，其考试 科目和办法亦由中国信鸽协会根据规定统一制定。一级以下裁判员由省、自治区、直辖市信鸽协会负责；二级、三级裁判员分别由地(市)、县体委审批。

三、裁判员违纪处分

（一）违犯国家法纪，撤消其裁判员等级称号。

（二）在原单位受到行政处分，在裁判工作中有明显技术错误或违反《裁判员守则》，视其情节轻重，给予批评或教育、降低或取消裁判员等级称号。

（三）对国家级裁判员降级和取消国家级裁判员称号的处分，须经中国信鸽协会裁判委员会讨论报国家体委批准。

中华人民共和国国家体育运动委员会

一九九五年八月十四日

附件二

仲裁委员会条例

第一条 仲裁委员会是信鸽竞赛的仲裁机构，它的任务是复审比赛期间执行竞赛规则、规程中发生的纠纷，保证竞赛规则、规程的正确执行。

第二条 仲裁委员会不受理按规则、规程规定应由执行裁判、裁判长(总裁判、裁判组)职权范围内处理的有关事宜。

与竞赛无直接关系的违犯纪律、寻衅闹事、打架斗殴等行为，由组织委员会会同有关方面处理。

第三条 仲裁委员会由比赛组委会、体育行政管理部门、中国信鸽协会和裁判委员会组成。仲裁委员会人选由比赛组委会确定并公布。

第四条 在比赛过程中，裁判员作出的裁决为最后判决，参赛者必须服从裁判的判决。对裁判员的判决不服的，允许在比赛结束后12小时内向仲裁委员会正式提出申诉。经仲裁委员会复审，判定裁判员的判决是正确的，参赛者必须坚决服从；判定属于裁判员的错误，仲裁委员会可视情况对裁判员进行教育或处分，但不得改变裁判员在规则职权范围内作出的决定。

第五条 仲裁委员会根据申诉以及当场执行裁判、裁判组的书面报告，进行必要的调查研究，召开仲裁委员会会议进行讨论。开会时，可吸收有关裁判员列席参加会议(列席人员无表决权)。

仲裁委员会出席会议人员数必须超过半数以上，作出的决定方为有效。仲裁委员会对申诉所做的决定为最终裁决，并立即生效。所作决定应报竞赛组委会备案。

与本人所在单位有牵连的仲裁委员会成员不得参加有关问题的讨论。

第六条 参赛者和领队违犯竞赛规则、规程，经仲裁委员会复审判定有效后，仍无理纠缠的，应加重处罚。仲裁委员会可根据其错误程度给予批评、警告、严重警告、停止比赛或取消比赛资格的处分；并可建议有关体育行政管理部门给予处分。对需要给予停止参加全国比赛处分的，仲裁委员会可提出建议，报中国信鸽协会决定。

第七条 裁判员在执行裁判任务过程中，有突出表现的，仲裁委员会可写出书面报告，报主办单位或国家体育总局给予表扬；对有错误的，仲裁委员会可根据其错误程度，停止该裁判员若干场比赛或该次比赛的裁判资格，并可建议有关体育行政管理部门给予降低或撤消裁判员技术等级称号的处分。情节恶劣的，可建议所属单位给予行政处分。

第八条 仲裁委员会对比赛期间受理的申诉、控告应及时作出裁决，不得影响其他场次的比赛或发奖。

第九条 仲裁委员会是临时机构，比赛期间执行任务，比赛结束后自行撤消。

附件三

裁判员守则

一、拥护中国共产党，热爱社会主义祖国，热爱体育事业，热心信鸽竞赛裁判工作。

一、努力钻研业务，精通本项规则和裁判法，积极参加实践活动，不断提高业务水平。

三、严格履行裁判员职责，做到严肃认真、公正、准确。

四、作风正派，不徇私情，实事求是，坚持原则，敢于同不良倾向作斗争。

五、讲文明，讲礼貌，裁判员之间互相学习，互相尊重，互相支持，加强团结，不搞宗派活动。

六、服从领导，遵守纪律，执行任务时精神饱满，服装整洁，仪表大方。

附件四

会员守则

一、拥护中国共产党，热爱社会主义祖国，热爱体育事业，热爱赛鸽运动。

二、认真钻研业务，科学训养赛鸽，提高竞翔水平。

三、尊重裁判，尊重对手，尊重观众。

四、学政治、学文化、学科学，努力提高自身素质。

五、讲文明、讲礼貌、讲卫生、讲道德，守秩序，守纪律。

六、衣着整洁，不酗酒闹事。

七、团结友爱，互相学习，反对自由主义。

八、尊重领导，服从组织，遵守法律法规。

九、关心他人，热心支持信鸽事业。

附件五

信鸽足环代码

地区	代码	地区	代码	地区	代码
北京	01	安徽	12	贵州	23
天津	02	福建	13	云南	24
河北	03	江西	14	西藏	25
山西	04	山东	15	陕西	26
内蒙古	05	河南	16	甘肃	27
辽宁	06	湖北	17	青海	28
吉林	07	湖南	18	宁夏	29
黑龙江	08	广东	19	新疆	30
上海	09	广西	20	重庆	31
江苏	10	海南	21	火车头	32
浙江	11	四川	22	石油	33

附件六

信鸽足环环标及足环证

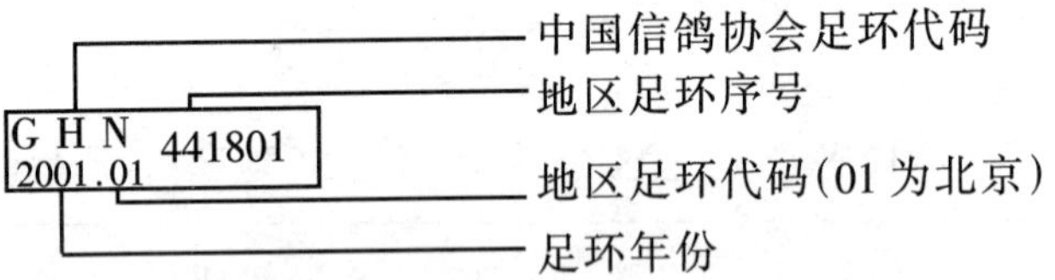

附件七

信鸽比赛奖状

附件八

信鸽比赛归巢证

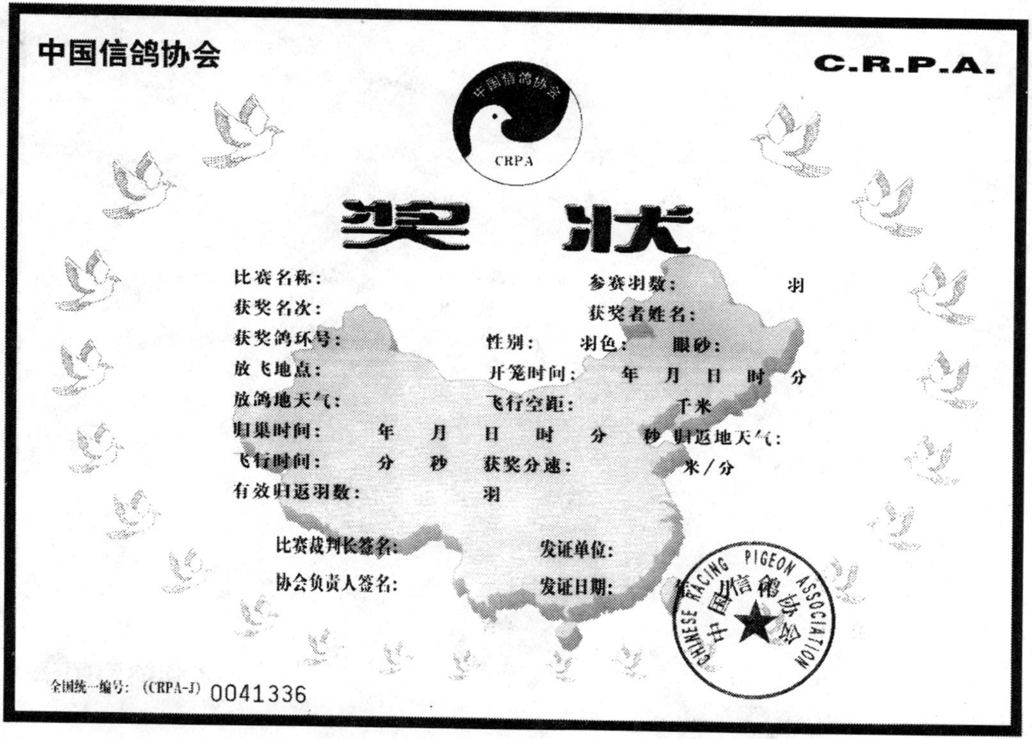

中国信鸽协会　　C.R.P.A.

CRPA

奖　状

比赛名称：　　参赛羽数：　　羽

获奖名次：　　获奖者姓名：

获奖鸽环号：　　性别：　羽色：　眼砂：

放飞地点：　　开笼时间：　年　月　日　时　分

放鸽地天气：　　飞行空距：　千米

归巢时间：　年　月　日　时　分　秒　归返地天气：

飞行时间：　分　秒　获奖分速：　米／分

有效归返羽数：　羽

比赛裁判长签名：　　发证单位：

协会负责人签名：　　发证日期：

CHINESE RACING PIGEON ASSOCIATION 中国信鸽协会

全国统一编号：（CRPA-J）0041336

中国信鸽协会　　　　C.R.P.A.

中国信鸽协会 CRPA

归巢证书

比赛名称：　　　　参赛羽数：　　羽

获奖名次：　　　　获奖者姓名：

获奖鸽环号：　　性别：　羽色：　眼砂：

放飞地点：　　开笼时间：　年　月　日　时　分

放鸽地天气：　　飞行空距：　　千米

归巢时间：　年　月　日　时　分　秒　归返地天气：

飞行时间：　分　秒　获奖分速：　　米/分

有效归返羽数：　　羽

比赛裁判长签名：　　　　发证单位：

协会负责人签名：　　　　发证日期：　年　月　日

全国统一编号：（CRPA-G）　0070993

附件九

竞赛表格使用说明

表一　信鸽竞翔报名单

会员参赛用表，允许使用填写 5 羽(32K)或 10 羽(16K)两种规格。

1．逐项填写，字迹清楚，不得涂改。

2．涂改、错填环号和内容的赛鸽成绩无效。

3．密码环存根、坐标及笼号栏由协会统一填写。

4．裁判员签字后有效。

表二　电脑报到登记表

1．认真逐项填写每一栏。

2．填写内容要准确。

3．经过修正的内容，当事裁判员要在该处签字。

表三　信鸽竞翔监放单

1．司放地点要写明市、区(县)及详细地点。

2．监放裁判员填表前要核实司放人员的身份、赛鸽笼数和铅封情况。

3．铅封情况如符合要求必须填写“铅封完好”。

4．填写不全或未盖公章的监放单比赛成绩无效。

5．如有涂改，须注明情况并加盖公章。

表四　信鸽归巢报到顺序表

1．人工和计算机填写均可。手写字体要求工整、清楚。

2．“赛鸽资料”栏内应用规范用语填写赛鸽性别、眼砂、羽色。

3．未填满羽数的表格必须划线取消。

4．该表由裁判长、记录员、委派裁判员签字后有效。

表五　信鸽查棚验鸽报告单

1．逐项认真填写，发现异常问题时要在报告单备注栏内写明情况。

2．该表格必须经会员和两名裁判员签字后有效。

表六　信鸽竞翔成绩报告表

该表为协会公布成绩用表。

1．人工和计算机填写均可。手写字体要求工整、清楚。

2．“赛鸽资料”栏内应用规范用语填写赛鸽性别、眼砂、羽色。

3．未填满羽数的表格必须划线取消。

4．该表由裁判长、记录员、委派裁判员签字后有效。

表七　全国信鸽竞翔成绩报告表

该表为省、自治区、直辖市及行业信鸽协会上报中国信鸽协会成绩用表。全国统一排名以此表为依据，填写时要求认真、准确。

1．由协会填写本地区竞赛成绩，逐级上报。

2．该表必须加盖上级体育行政主管部门公章，否则无效。

表八　信鸽品评赛报名表

1．将已获资格参加品评赛的鸽子逐一填写在报名单上，以便竞赛委员会审查和确认。

2．填写内容要求准确无误。

3．此表必须经上级体育行政部门确认盖章。

表九　信鸽品评赛报到证明单

1．将通过资格审查的参赛鸽编号并逐羽填入表格。

2．认真核对参赛鸽足环号码及赛鸽资料。

3．凭此证明单在比赛后取回参赛鸽。

4．该表裁判员签字后有效。

表十　信鸽品评赛评分表

品评赛裁判员用表，裁判员按表中所列评分内容对参赛鸽分别进行打分，并将每羽赛鸽每项得分结果填入表内，计算总分。完成本组所有赛鸽评判工作后，将评分表交小组组长，统计成绩并排名。

表十一　信鸽品评赛成绩记录表

评分结束后，收齐所有裁判员记录表，由记录员将每位裁判员给每羽赛鸽的评分填入记录表内，计算参赛鸽得分。

表十二　信鸽品评赛成绩总表

1．依品评赛成绩记录表中的赛鸽得分排列名次。

2．将比赛名次由 1～10 填入总表。

3．核对成绩后，记录员、记录长和总裁判长签字。

表十三　全国信鸽竞翔通讯赛成绩表

该表为各省级协会竞翔通讯赛成绩报告表。

1．注明协会名称。

2．要求用计算机打印。

3．联同全国信鸽竞翔成绩报告表一并报中国信鸽协会。

附件十

信鸽竞赛表格

表一

信鸽竞翔报名单(A4)

＿＿＿＿信鸽协会　　　　公里　　　　站　　　　年　　月　　日

<table>
<tr><td rowspan="2">序号</td><td colspan="3">信鸽足环</td><td rowspan="2">性别</td><td rowspan="2">羽色</td><td rowspan="2">眼砂</td><td rowspan="2">密码环存根</td></tr>
<tr><td>环名</td><td>年份</td><td>足环号码</td></tr>
<tr><td>1</td><td></td><td></td><td></td><td></td><td></td><td></td><td></td></tr>
<tr><td>2</td><td></td><td></td><td></td><td></td><td></td><td></td><td></td></tr>
<tr><td>3</td><td></td><td></td><td></td><td></td><td></td><td></td><td></td></tr>
<tr><td>4</td><td></td><td></td><td></td><td></td><td></td><td></td><td></td></tr>
<tr><td>5</td><td></td><td></td><td></td><td></td><td></td><td></td><td></td></tr>
<tr><td>6</td><td></td><td></td><td></td><td></td><td></td><td></td><td></td></tr>
<tr><td>7</td><td></td><td></td><td></td><td></td><td></td><td></td><td></td></tr>
<tr><td>8</td><td></td><td></td><td></td><td></td><td></td><td></td><td></td></tr>
<tr><td>9</td><td></td><td></td><td></td><td></td><td></td><td></td><td></td></tr>
<tr><td>10</td><td></td><td></td><td></td><td></td><td></td><td></td><td></td></tr>
<tr><td colspan="2">会员姓名</td><td></td><td>棚号证号</td><td colspan="2"></td><td>联系电话</td><td></td></tr>
<tr><td colspan="2">鸽棚地址</td><td colspan="6"></td></tr>
<tr><td colspan="2">GPS 坐标</td><td colspan="4"></td><td>笼号</td><td></td></tr>
<tr><td colspan="8">共计：　　　羽　　　裁判员签字(章)：</td></tr>
</table>

注：1．逐项填写清楚，涂改、错填环号和内容的赛鸽取消成绩。

2．密码环存根、坐标及笼号栏由协会统一填写。

表二

电脑报到登记表(A4)

序号：　　第　　次报到　　到达报到点时间：　　时　分

姓名		鸽棚或会员证号			
锁表时间(北京)　　时　　分		GPS坐标			
孔号	鸽钟走时	足环号码	性别	羽色	眼砂
1	日　时　分　秒				
2	日　时　分　秒				
3	日　时　分　秒				
4	日　时　分　秒				
5	日　时　分　秒				
6	日　时　分　秒				
7	日　时　分　秒				
8	日　时　分　秒				
9	日　时　分　秒				
10	日　时　分　秒				
11	日　时　分　秒				

裁判员签字(章)：　　　　裁判员签字(章)：

会员签字：　　　　日期：

表三

信鸽竞翔监放单(A4)

举办比赛单位(章)：　　　　裁判长签字：　　　　年　月　日

<table>
<tr><td rowspan="7">竞赛单位填写</td><td>司放地点</td><td></td><td>集鸽时间</td><td>月　日　时　分</td></tr>
<tr><td>分装笼数</td><td></td><td>赛鸽羽数</td><td></td></tr>
<tr><td>笼封方式</td><td></td><td>铅封印模</td><td></td></tr>
<tr><td colspan="2" rowspan="4">途中运输情况：</td><td>集鸽长签字</td><td></td></tr>
<tr><td>委派员签字</td><td></td></tr>
<tr><td>司放长签字</td><td></td></tr>
<tr><td>司放员签字</td><td></td></tr>
<tr><td rowspan="6">监放单位填写</td><td>司放地点</td><td>市　区　县</td><td>GPS 坐标</td><td></td></tr>
<tr><td>实查笼数</td><td></td><td>实查羽数</td><td></td></tr>
<tr><td>笼封情况</td><td></td><td>天气情况</td><td></td></tr>
<tr><td>铅封印模</td><td></td><td>司放时间</td><td></td></tr>
<tr><td rowspan="2">监放裁判员</td><td>签字</td><td colspan="2" rowspan="2">监放单位意见：
年　月　日(章)</td></tr>
<tr><td>签字</td></tr>
</table>

注：1. 笼封情况如符合要求请填写“铅封完好”。

2. 核实司放裁判员的身份证件，准确无误后，监督放飞。

3. 无章、填写不全，均视为无效。

4. 如有涂改，注明情况并加盖公章。

表四

信鸽归巢报到顺序表(A4)

比赛项目：　　参赛羽数：　　当日天气：　　风向：　　风力：

司放地点：　　司放时间：　　归巢时间：　　司放地经纬度：　　制表：

序号	姓　名	棚号证号	足环号码	赛鸽资料	持鸽钟报到时间	归巢时间或持鸽	鸽棚经纬　度	实际空距（千米）	飞行速度（米/分）	备　注
1										
2										
3										
4										
5										
6										
7										
8										
9										
10										

裁判长：　　记录裁判员：　　委派裁判员：

表五

信鸽查棚验鸽报告单(32K)

所属协会：　　　　　　　　　　距离：　　　　　　　　　　鸽主签字：

<table>
<tr><td>姓　名</td><td colspan="2"></td><td>会员证号</td><td></td><td>棚　号</td><td colspan="2"></td></tr>
<tr><td>地　址</td><td colspan="4"></td><td>电　话</td><td colspan="2"></td></tr>
<tr><td>足环号</td><td colspan="2"></td><td>软环号</td><td></td><td>比赛起止点</td><td colspan="2"></td></tr>
<tr><td>性　别</td><td></td><td>羽色</td><td></td><td>眼砂</td><td></td><td>名次</td><td></td></tr>
<tr><td colspan="8">复核情况：　年　月　日　时　分在距棚外　　　　米放飞后能准确飞回巢中</td></tr>
<tr><td colspan="2">复核后坐标点</td><td colspan="3">经度</td><td colspan="3">纬度</td></tr>
<tr><td colspan="3">暗章：</td><td colspan="2">备注：</td><td colspan="3">协会(章)</td></tr>
</table>

查棚裁判员签字：①　　　　　　②　　　　　　年　月　日

表六

信鸽竞翔成绩报告表（A4）

比赛项目：　　参赛羽数：　　当日天气：　　风向：　　风力：

司放地点：　　司放时间：　　归巢时间：　　司放地经纬度：　　制表：

名次	姓　名	棚号 证号	足环号码	赛鸽资料	持鸽钟 报到时间	归巢时间 或持鸽	鸽棚经 纬　度	实际空距 （千米）	飞行速度 （米/分）	备　注
1										
2										
3										
4										
5										
6										
7										
8										
9										
10										

裁判长：　　记录裁判员：　　委派裁判员：

表七

全国信鸽竞翔成绩报告表(A4)

协会名称：　　　　比赛项目：

填表人姓名：　　　比赛日期：　　　　制表：

名次	姓名	隶属协会	足环号码	赛鸽资料	司放地点	司放地经纬度	鸽棚经纬度	实际空距（千米）	司放时间	归巢时间或持鸽	飞行速度（米/分）
1											
2											
3											
4											
5											
6											
7											
8											
9											
10											

注:本表由各级协会自行填写,逐级上报。

总裁判长签字：　　　记录长签字：　　　协会盖章：　　　上级体育行政主管部门盖章：

表八

信鸽品评赛报名表（A4）

协会名称：　　　　　　　　　　　　　　　　年　月　日

序号	参赛项目	姓名	足环			性别	羽色	眼砂	名次	比赛名称	参赛羽数
			环名	年份	环号						
1											
2											
3											
4											
5											
6											
7											
8											
9											
10											

协会盖章：　　　　　　　　上级体育行政主管部门盖章：

表九

信鸽品评赛报到证明单(A4)

协会名称：　　　　项目(级别)：　　　　雌、雄　组　　　　年　月　日

编号	参赛单位	姓　名	足环			性　别	羽　色	眼　砂	参赛单位签　名	备注
			环名	年份代码	环号					

裁判员：　　　　裁判长：

表十

信鸽品评赛评分表(A4)

项目(级别)：　　　　　　　　　　　　雌、雄组　　　　　　　　　　　　　年　　月　　日

编号	外貌和神态(30分)				头、颈部(15分)				骨骼、肌肉(30分)					翼羽(总分17分)				臀部(8分)		总分
	体形匀称10分	外貌美观10分	眼睛5分	羽毛光泽5分	头部3分	嘴3分	鼻瘤3分	颈部6分	骨骼10分	肌肉手感5分	胸腹肌肉5分	腰背肌肉5分	双翼肌肉5分	翼羽结构5分	主翼羽5分	初列长羽4分	羽毛3分	尾部4分	臀部4分	

裁判员签字：

表十一

信鸽品评赛成绩记录表(A4)

项目(级别)：　　　　　雌、雄组　　　　　　　　　　年　　月　　日

编号	裁判员评分							去掉分		平均分	足环号码	名次	参赛单位	备　注
	1号	2号	3号	4号	5号	6号	7号	最高	最低					

记录裁判员：　　　　　　　　评分裁判员：

表十二

信鸽品评赛成绩总表(A4)

项目(级别):　　　　　　　　雌、雄　组　　　　　　　　年　月　日

编号	参赛单位	姓　名	足环			性别	羽色	眼砂	得分	名次	备注
			环名	年份代码	环号						

记录裁判员:　　　　　　记录裁判长:　　　　　　总裁判长:

表十三

全国信鸽竞翔通讯赛成绩表(A4)

协会名称：　　　　　　　　　500 公里级

名次	会员姓名	协会名称	足环	性别	羽色	眼砂	空距	平均分速
1								
2								
3								

700 公里级

名次	会员姓名	协会名称	足环	性别	羽色	眼砂	空距	平均分速
1								
2								
3								

1000 公里级

名次	会员姓名	协会名称	足环	性别	羽色	眼砂	空距	平均分速
1								
2								
3								

1500 公里级

名次	会员姓名	协会名称	足环	性别	羽色	眼砂	空距	平均分速
1								
2								
3								

附件十一

日出日落时间表

日期		北京				天津				石家庄				太原				呼和浩特			
月	日	时	分	时	分	时	分	时	分	时	分	时	分	时	分	时	分	时	分	时	分
1	1	7	37	17	00	7	31	16	59	7	39	17	13	7	46	17	21	7	58	17	16
1	11	7	36	17	09	7	30	17	08	7	39	17	22	7	46	17	30	7	57	17	26
1	21	7	32	17	20	7	27	17	19	7	35	17	33	7	42	17	40	7	53	17	37
2	1	7	24	17	34	7	19	17	32	7	27	17	45	7	35	17	53	7	44	17	50
2	11	7	13	17	46	7	08	17	44	7	18	17	56	7	25	18	04	7	33	18	03
2	21	7	00	17	57	6	56	17	55	7	06	18	07	7	13	18	15	7	20	18	46
3	1	6	49	18	06	6	45	18	03	6	55	18	15	7	02	18	23	7	08	18	24
3	11	6	34	18	17	6	30	18	14	6	40	18	25	6	48	18	33	6	53	18	35
3	21	6	18	18	27	6	14	18	24	6	25	18	35	6	33	18	42	6	36	18	46
4	1	6	00	18	39	5	57	18	35	6	08	18	45	6	16	18	52	6	18	18	58
4	11	5	44	18	49	5	41	18	44	5	53	18	54	6	01	19	02	6	02	19	08
4	21	5	29	18	59	5	27	18	54	5	39	19	03	5	47	19	11	5	46	19	19
5	1	5	16	19	09	5	14	19	04	5	27	19	13	5	34	19	20	5	32	19	29
5	11	5	04	19	19	5	03	19	13	5	16	19	22	5	24	19	29	5	21	19	39
5	21	4	55	19	28	4	54	19	22	5	07	19	31	5	15	19	38	5	11	19	49
6	1	4	48	19	37	4	47	19	31	5	01	19	39	5	09	19	46	5	04	19	58
6	11	4	46	19	43	4	45	19	37	4	59	19	45	5	07	19	52	5	01	20	05
6	21	4	46	19	47	4	45	19	41	4	59	19	48	5	07	19	55	5	02	20	08

续表

日期		北京				天津				石家庄				太原				呼和浩特			
月	日	时	分	时	分	时	分	时	分	时	分	时	分	时	分	时	分	时	分	时	分
7	1	4	49	19	47	4	49	19	41	5	03	19	49	5	11	19	56	5	05	20	09
7	11	4	55	19	45	4	54	19	39	5	08	19	47	5	16	19	54	5	11	20	06
7	21	5	03	19	39	5	02	19	33	5	15	19	41	5	23	19	48	5	19	20	00
8	1	5	13	19	29	5	11	19	23	5	24	19	32	5	32	19	39	5	29	19	50
8	11	5	22	19	17	5	20	19	12	5	33	19	21	5	41	19	28	5	39	19	38
8	21	5	31	19	04	5	29	18	59	5	42	19	08	5	50	19	16	5	49	19	24
9	1	5	42	18	47	5	39	18	43	5	51	18	53	5	59	19	00	6	00	19	06
9	11	5	51	18	31	5	48	18	27	6	00	18	37	6	08	18	45	6	09	18	50
9	21	6	01	18	14	5	58	18	11	6	09	18	22	6	16	18	29	6	19	18	33
10	1	6	10	17	58	6	07	17	55	6	17	18	06	6	25	18	14	6	29	18	16
10	11	6	20	17	42	6	16	17	39	6	27	17	51	6	34	17	59	6	40	18	00
10	21	6	31	17	27	6	27	17	25	6	36	17	37	6	44	17	45	6	51	17	45
11	1	6	43	17	13	6	38	17	11	6	48	17	24	6	55	17	31	7	03	17	30
11	11	6	55	17	02	6	49	17	01	6	58	17	14	7	06	17	22	7	15	17	19
11	21	7	06	16	55	7	01	16	53	7	09	17	07	7	16	17	15	7	27	17	11
12	1	7	17	16	50	7	11	16	49	7	19	17	03	7	26	17	11	7	38	17	06
12	11	7	26	16	50	7	20	16	49	7	28	17	03	7	35	17	11	7	47	17	06
12	21	7	33	16	53	7	27	16	52	7	35	17	06	7	42	17	14	7	54	17	09

日出日落时间表

日期		沈阳				长春				哈尔滨				上海				南京			
月	日	时	分	时	分	时	分	时	分	时	分	时	分	时	分	时	分	时	分	时	分
1	1	7	14	16	26	7	13	16	12	7	15	16	00	6	53	17	03	7	06	17	11
1	11	7	13	16	36	7	12	16	22	7	13	16	10	6	54	17	11	7	07	17	19
1	21	7	08	16	47	7	07	16	34	7	07	16	23	6	52	17	19	7	05	17	28
2	1	6	59	17	01	6	56	16	49	6	56	16	39	6	47	17	29	6	59	17	38
2	11	6	48	17	14	6	44	17	03	6	43	16	54	6	40	17	38	6	51	17	47
2	21	6	34	17	26	6	29	17	16	6	27	17	08	6	30	17	46	6	42	17	56
3	1	6	22	17	36	6	17	17	27	6	13	17	20	6	22	17	52	6	33	18	02
3	11	6	06	17	48	5	59	17	39	5	55	17	33	6	10	17	59	6	21	18	10
3	21	5	49	17	59	5	41	17	52	5	36	17	47	5	58	18	06	6	08	18	17
4	1	5	30	18	11	5	21	18	05	5	15	18	01	5	44	18	13	5	54	18	24
4	11	5	13	18	22	5	04	18	17	4	56	18	14	5	32	18	20	5	42	18	31
4	21	4	58	18	33	4	47	18	29	4	38	18	27	5	20	18	26	5	30	18	38
5	1	4	43	18	44	4	31	18	41	4	22	18	40	5	10	18	33	5	19	18	45
5	11	4	31	18	55	4	18	18	53	4	08	18	53	5	02	18	40	5	11	18	52
5	21	4	21	19	05	4	08	19	04	3	56	19	04	4	55	18	47	5	04	18	59
6	1	4	14	19	14	4	00	19	14	3	47	19	15	4	51	18	53	5	00	19	06
6	11	4	11	19	21	3	56	19	21	3	43	19	23	4	50	18	58	4	58	19	11
6	21	4	11	19	24	3	56	19	25	3	43	19	27	4	50	19	01	4	59	19	14

续表

日期		沈阳				长春				哈尔滨				上海				南京			
月	日	时	分	时	分	时	分	时	分	时	分	时	分	时	分	时	分	时	分	时	分
7	1	4	15	19	25	4	00	19	25	3	47	19	27	4	53	19	02	5	02	19	15
7	11	4	21	19	22	4	06	19	21	3	54	19	23	4	58	19	01	5	07	19	14
7	21	4	29	19	15	4	15	19	14	4	04	19	15	5	04	18	57	5	13	19	10
8	1	4	40	19	05	4	26	19	03	4	16	19	02	5	11	18	50	5	20	19	02
8	11	4	50	18	52	4	38	18	49	4	28	18	49	5	17	18	41	5	26	18	53
8	21	5	00	18	38	4	49	18	34	4	40	18	32	5	23	18	31	5	33	18	43
9	1	5	11	18	20	5	01	18	15	4	54	18	12	5	30	18	18	5	40	18	30
9	11	5	22	18	03	5	13	17	57	5	06	17	35	5	36	18	06	5	46	18	17
9	21	5	32	17	46	5	24	17	39	5	18	17	34	5	42	17	53	5	52	18	04
10	1	5	42	17	29	5	36	17	21	5	31	17	15	5	48	17	40	5	58	17	50
10	11	5	53	17	12	5	48	17	03	5	44	16	56	5	54	17	28	6	05	17	38
10	21	6	05	16	56	6	00	16	46	5	57	16	38	6	01	17	16	6	12	17	26
11	1	6	18	16	41	6	14	16	30	6	13	16	21	6	09	17	06	6	21	17	15
11	11	6	30	16	30	6	27	16	17	6	27	16	07	6	18	16	59	6	30	17	08
11	21	6	42	16	22	6	40	16	08	6	41	15	57	6	26	16	54	6	39	17	03
12	1	6	54	16	17	6	52	16	03	6	53	15	51	6	35	16	51	6	47	17	00
12	11	7	03	16	16	7	03	16	01	7	04	15	49	6	42	16	52	6	55	17	01
12	21	7	10	16	19	7	10	16	04	7	11	15	52	6	49	16	56	7	01	17	04

日出日落时间表

日期		杭州				合肥				福州				南昌				济南			
月	日	时	分	时	分	时	分	时	分	时	分	时	分	时	分	时	分	时	分	时	分
1	1	6	56	17	10	7	11	17	18	6	50	17	23	7	09	17	30	7	25	17	07
1	11	6	57	17	18	7	12	17	26	6	52	17	30	7	10	17	38	7	25	17	16
1	21	6	56	17	26	7	10	17	35	6	51	17	37	7	09	17	46	7	22	17	26
2	1	6	51	17	36	7	05	17	45	6	47	17	46	7	05	17	55	7	15	17	37
2	11	6	44	17	44	6	57	17	54	6	42	17	53	6	58	18	03	7	05	17	48
2	21	6	34	17	52	6	48	18	02	6	34	17	59	6	50	18	10	6	54	17	58
3	1	6	26	17	58	6	39	18	09	6	27	18	04	6	42	18	16	6	44	18	06
3	11	6	15	18	05	6	27	18	16	6	17	18	09	6	31	18	22	6	30	18	16
3	21	6	03	18	11	6	14	18	23	6	06	18	14	6	20	18	28	6	15	18	24
4	1	5	49	18	18	6	00	18	30	5	55	18	19	6	07	18	34	5	59	18	34
4	11	5	37	18	24	5	48	18	37	5	44	18	24	5	55	18	40	5	45	18	43
4	21	5	26	18	30	5	36	18	44	5	34	18	29	5	45	18	45	5	31	18	51
5	1	5	16	18	37	5	26	18	51	5	26	18	34	5	36	18	51	5	19	19	00
5	11	5	08	18	43	5	17	18	58	5	19	18	40	5	28	18	57	5	09	19	09
5	21	5	02	18	50	5	11	19	05	5	14	18	45	5	22	19	03	5	01	19	17
6	1	4	58	18	56	5	06	19	12	5	11	18	50	5	19	19	09	4	55	19	25
6	11	4	57	19	01	5	05	19	17	5	10	18	55	5	17	19	14	4	53	19	31
6	21	4	58	19	04	5	05	19	20	5	11	18	58	5	19	19	17	4	53	19	34

续表

日期		杭州				合肥				福州				南昌				济南			
月	日	时	分	时	分	时	分	时	分	时	分	时	分	时	分	时	分	时	分	时	分
7	1	5	01	19	05	5	09	19	21	5	14	18	59	5	21	19	18	4	57	19	35
7	11	5	05	19	04	5	13	19	19	5	18	18	58	5	26	19	17	5	02	19	33
7	21	5	11	19	00	5	19	19	15	5	32	18	55	5	31	19	14	5	09	19	28
8	1	5	17	18	53	5	26	19	08	5	28	18	50	5	37	19	07	5	17	19	19
8	11	5	23	18	45	5	33	18	59	5	33	18	42	5	43	18	59	5	26	19	08
8	21	5	29	18	35	5	39	18	49	5	38	18	34	5	48	18	50	5	34	18	56
9	1	5	36	18	23	5	46	18	36	5	43	18	23	5	54	18	38	5	43	18	41
9	11	5	41	18	10	5	52	18	23	5	47	18	12	5	59	18	26	5	51	18	26
9	21	5	47	17	58	5	58	18	10	5	51	18	01	6	04	18	14	5	59	18	11
10	1	5	52	17	45	6	04	17	57	5	55	17	50	6	09	18	02	6	07	17	56
10	11	5	59	17	33	6	11	17	44	5	59	17	39	6	14	17	51	6	15	17	42
10	21	6	05	17	22	6	18	17	33	6	05	17	30	6	20	17	41	6	25	17	29
11	1	6	13	17	12	6	27	17	22	6	11	17	21	6	28	17	31	6	35	17	16
11	11	6	21	17	05	6	36	17	14	6	18	17	15	6	35	17	25	6	45	17	06
11	21	6	30	17	00	6	44	17	09	6	25	17	12	6	43	17	20	6	56	17	00
12	1	6	38	16	58	6	53	17	07	6	33	17	11	6	51	17	19	7	05	16	56
12	11	6	46	16	59	7	01	17	07	6	40	17	12	6	59	17	20	7	14	16	56
12	21	6	52	17	03	7	07	17	11	6	46	17	16	7	05	17	24	7	21	17	00

日出日落时间表

日期		郑州				武汉				长沙				广州				南宁			
月	日	时	分	时	分	时	分	时	分	时	分	时	分	时	分	时	分	时	分	时	分
1	1	7	33	17	25	7	20	17	33	7	21	17	44	7	08	17	53	7	27	18	13
1	11	7	33	17	34	7	21	17	40	7	22	17	51	7	10	18	00	7	29	18	20
1	21	7	31	17	43	7	20	17	49	7	21	17	59	7	10	18	07	7	28	18	27
2	1	7	24	17	54	7	15	17	59	7	17	18	08	7	07	18	15	7	26	18	35
2	11	7	16	18	04	7	08	18	07	7	10	18	16	7	02	18	21	7	22	18	41
2	21	7	05	18	14	6	58	18	15	7	02	18	23	6	56	18	26	7	15	18	46
3	1	6	55	18	21	6	50	18	21	6	54	18	29	6	49	18	30	7	09	18	50
3	11	6	42	18	29	6	38	18	28	6	43	18	35	6	40	18	35	7	00	18	54
3	21	6	29	18	38	6	26	18	35	6	32	18	40	6	31	18	39	6	50	18	58
4	1	6	13	18	46	6	13	18	42	6	20	18	46	6	20	18	43	6	40	19	02
4	11	6	00	18	54	6	01	18	48	6	08	18	52	6	11	18	46	6	31	19	06
4	21	5	47	19	02	5	50	18	54	5	58	18	57	6	02	18	50	6	22	19	10
5	1	5	36	19	10	5	40	19	01	5	49	19	03	5	54	18	54	6	14	19	14
5	11	5	26	19	18	5	31	19	08	5	41	19	09	5	48	18	59	6	08	19	18
5	21	5	19	19	26	5	25	19	14	5	36	19	15	5	44	19	04	6	04	19	28
6	1	5	14	19	33	5	21	19	21	5	32	19	21	5	41	19	08	6	01	19	28
6	11	5	12	19	38	5	20	19	25	5	31	19	26	5	41	19	12	6	01	19	32
6	21	5	12	19	42	5	21	19	28	5	32	19	29	5	42	19	15	6	02	19	34

续表

日期		郑州				武汉				长沙				广州				南宁			
月	日	时	分	时	分	时	分	时	分	时	分	时	分	时	分	时	分	时	分	时	分
7	1	5	16	19	43	5	24	19	30	5	35	19	30	5	45	19	17	6	05	19	36
7	11	5	21	19	41	5	28	19	28	5	39	19	29	5	49	19	16	6	09	19	35
7	21	5	27	19	36	5	34	19	25	5	44	19	25	5	53	19	14	6	13	19	33
8	1	5	35	19	28	5	40	19	18	5	50	19	19	5	58	19	09	6	18	19	28
8	11	5	42	19	18	5	47	19	09	5	56	19	11	6	02	19	03	6	22	19	22
8	21	5	50	19	07	5	53	18	59	6	01	19	02	6	05	18	55	6	25	19	14
9	1	5	58	18	53	5	59	18	46	6	07	18	50	6	09	18	45	6	29	19	04
9	11	6	05	18	39	6	05	18	34	6	12	18	39	6	12	18	35	6	32	18	55
9	21	6	12	18	24	6	10	18	21	6	16	18	27	6	15	18	25	6	35	18	54
10	1	6	20	18	10	6	16	18	09	6	21	18	15	6	19	18	15	6	38	18	35
10	11	6	27	17	57	6	22	17	57	6	27	18	04	6	22	18	05	6	42	18	25
10	21	6	36	17	44	6	29	17	46	6	33	17	54	6	26	17	57	6	46	18	17
11	1	6	46	17	32	6	37	17	35	6	40	17	44	6	32	17	49	6	51	18	09
11	11	6	55	17	24	6	45	17	28	6	47	17	38	6	38	17	44	6	57	18	04
11	21	7	05	17	18	6	54	17	23	6	55	17	34	6	44	17	41	7	04	18	01
12	1	7	14	17	15	7	02	17	21	7	03	17	32	6	51	17	41	7	10	18	01
12	11	7	22	17	15	7	10	17	22	7	10	17	33	6	58	17	43	7	17	18	03
12	21	7	29	17	18	7	16	17	26	7	16	17	37	7	03	17	47	7	23	18	07

日出日落时间表

日期		海口				重庆				成都				贵阳				昆明			
月	日	时	分	时	分	时	分	时	分	时	分	时	分	时	分	时	分	时	分	时	分
1	1	7	14	18	10	7	49	18	05	8	01	18	13	7	42	18	12	7	54	18	31
1	11	7	16	18	17	7	49	18	13	8	02	18	21	7	43	18	19	7	56	18	38
1	21	7	16	18	24	7	51	18	21	8	01	18	30	7	42	18	27	7	56	18	46
2	1	7	14	18	30	7	44	18	31	7	56	18	40	7	39	18	36	7	52	18	54
2	11	7	10	18	34	7	36	18	38	7	48	18	48	7	33	18	43	7	47	19	01
2	21	7	05	18	38	7	28	18	45	7	39	18	56	7	25	18	49	7	39	19	07
3	1	6	59	18	43	7	20	18	52	7	31	19	02	7	18	18	54	7	32	19	11
3	11	6	51	18	46	7	08	18	58	7	19	19	09	7	07	19	00	7	23	19	16
3	21	6	42	18	50	6	56	19	05	7	07	19	16	6	57	19	05	7	13	19	21
4	1	6	33	18	53	6	44	19	12	6	54	19	23	6	45	19	10	7	01	19	25
4	11	6	25	18	56	6	32	19	18	6	42	19	29	6	34	19	15	6	51	19	30
4	21	6	17	18	59	6	20	19	24	6	30	19	35	6	24	19	20	6	42	19	34
5	1	6	10	19	02	6	12	19	30	6	20	19	42	6	16	19	25	6	32	19	39
5	11	6	05	19	06	6	06	19	36	6	12	19	49	6	09	19	31	6	27	19	44
5	21	6	03	19	10	6	00	19	42	6	06	19	55	6	04	19	36	6	22	19	49
6	1	5	59	19	14	5	54	19	49	6	02	20	02	6	00	19	42	6	19	19	25
6	11	5	59	19	17	5	53	19	52	6	00	20	06	5	59	19	46	6	19	19	59
6	21	6	01	19	20	5	54	19	55	6	01	20	09	6	01	19	49	6	20	20	02

续表

日期		海口				重庆				成都				贵阳				昆明			
月	日	时	分	时	分	时	分	时	分	时	分	时	分	时	分	时	分	时	分	时	分
7	1	6	03	19	22	5	57	19	58	6	04	20	11	6	03	19	50	6	23	20	03
7	11	6	06	19	22	6	02	19	57	6	09	20	09	6	07	19	50	6	27	20	02
7	21	6	10	19	19	6	07	19	50	6	14	20	05	6	12	19	47	6	31	20	00
8	1	6	14	19	16	6	13	19	47	6	21	19	59	6	18	19	41	6	36	19	54
8	11	6	17	19	09	6	19	19	31	6	27	19	50	6	23	19	34	6	41	19	47
8	21	6	20	19	02	6	25	19	23	6	33	19	40	6	28	19	25	6	45	19	39
9	1	6	23	18	55	6	31	19	17	6	40	19	27	6	33	19	14	6	50	19	28
9	11	6	25	18	46	6	37	19	05	6	46	19	15	6	37	19	03	6	53	19	18
9	21	6	27	18	37	6	42	18	53	6	51	19	02	6	41	18	51	6	57	19	07
10	1	6	29	18	28	6	47	18	41	6	57	18	50	6	45	18	40	7	01	18	56
10	11	6	31	18	20	6	54	18	30	7	03	18	38	6	55	18	30	7	05	18	46
10	21	6	36	18	12	7	01	18	19	7	10	18	27	6	56	18	20	7	10	18	37
11	1	6	40	18	05	7	07	18	08	7	18	18	16	7	02	18	11	7	16	18	29
11	11	6	45	18	01	7	15	18	01	7	26	18	09	7	09	18	05	7	23	18	23
11	21	6	51	18	00	7	23	17	56	7	35	18	04	7	17	18	01	7	30	18	20
12	1	6	57	17	58	7	31	17	55	7	43	18	02	7	24	18	00	7	37	18	19
12	11	7	04	18	02	7	39	17	56	7	51	18	03	7	31	18	02	7	44	18	21
12	21	7	09	18	04	7	47	17	59	7	57	18	07	7	37	18	05	7	50	18	25

日出日落时间表

日期		拉萨				西安				兰州				西宁				银川			
月	日	时	分	时	分	时	分	时	分	时	分	时	分	时	分	时	分	时	分	时	分
1	1	8	51	19	08	7	51	17	45	8	15	18	01	8	25	18	07	8	12	17	45
1	11	8	52	19	15	7	51	17	54	8	15	18	09	8	25	18	16	8	12	17	54
1	21	8	51	19	24	7	49	18	03	8	12	18	19	8	22	18	26	8	09	18	04
2	1	8	46	19	33	7	42	18	14	8	05	18	31	8	15	18	38	8	01	18	17
2	11	8	39	19	42	7	34	18	24	7	56	18	41	8	05	18	48	7	51	18	28
2	21	8	30	19	49	7	24	18	33	7	45	18	51	7	54	18	59	7	39	18	39
3	1	8	22	19	55	7	14	18	40	7	35	18	59	7	44	19	07	7	28	18	48
3	11	8	11	20	02	7	01	18	49	7	21	19	08	7	30	19	16	7	13	18	58
3	21	7	59	20	08	6	48	18	56	7	07	19	16	7	15	19	25	6	58	19	07
4	1	7	46	20	14	6	32	19	05	6	51	19	26	6	59	19	34	6	41	19	18
4	11	7	34	20	20	6	19	19	13	6	37	19	34	6	45	19	43	6	26	19	27
4	21	7	24	20	26	6	07	19	20	6	24	19	42	6	32	19	51	6	12	19	37
5	1	7	14	20	33	5	55	19	28	6	12	19	51	6	19	20	00	5	59	19	46
5	11	7	06	20	39	5	46	19	36	6	02	19	59	6	09	20	09	5	48	19	55
5	21	7	00	20	45	5	39	19	43	5	54	20	07	6	01	20	17	5	39	20	04
6	1	6	56	20	51	5	34	19	51	5	49	20	15	5	56	20	35	5	33	20	13
6	11	6	55	20	56	5	32	19	56	5	47	20	21	5	53	20	31	5	31	20	19
6	21	6	56	20	59	5	33	19	59	5	47	20	24	5	54	20	34	5	31	20	22

续表

日期		拉萨				西安				兰州				西宁				银川			
月	日	时	分	时	分	时	分	时	分	时	分	时	分	时	分	时	分	时	分	时	分
7	1	6	59	21	00	5	33	20	00	5	51	20	25	5	57	20	35	5	34	20	23
7	11	7	03	20	59	5	41	19	58	5	56	20	23	6	03	20	33	5	40	20	20
7	21	7	09	20	56	5	47	19	54	6	02	20	18	6	09	20	28	5	47	20	15
8	1	7	15	20	49	5	55	19	46	6	11	20	09	6	18	20	19	5	56	20	06
8	11	7	21	20	41	6	02	19	36	6	19	19	59	6	26	19	09	6	05	19	54
8	21	7	27	20	31	6	09	19	25	6	27	19	47	6	34	19	56	6	14	19	42
9	1	7	33	20	19	6	17	19	11	6	35	19	32	6	43	19	41	6	24	19	26
9	11	7	38	20	07	6	24	18	57	6	43	19	18	6	51	19	27	6	33	19	10
9	21	7	43	19	54	6	31	18	43	6	51	19	03	6	59	18	12	6	41	18	54
10	1	7	49	19	42	6	38	18	29	6	59	18	48	7	07	18	57	6	50	18	39
10	11	7	55	19	30	6	46	18	16	7	07	18	34	7	16	18	42	7	00	18	23
10	21	8	01	19	20	6	54	18	03	7	16	18	21	7	25	18	29	7	09	18	09
11	1	8	09	19	10	7	04	17	52	7	26	18	09	7	35	18	16	7	21	17	56
11	11	8	17	19	13	7	13	17	43	7	36	18	00	7	45	18	07	7	32	17	46
11	21	8	25	19	58	7	23	17	37	7	46	17	53	7	56	18	00	7	43	17	39
12	1	8	33	18	56	7	32	17	35	7	56	17	50	8	06	17	57	7	54	17	35
12	11	8	41	18	57	7	40	17	35	8	04	17	50	8	14	17	57	8	02	17	34
12	21	8	47	19	01	7	46	17	38	8	11	17	53	8	21	18	00	8	08	17	38

日出日落时间表

日期		乌鲁木齐				海拉尔				台北			
月	日	时	分	时	分	时	分	时	分	时	分	时	分
1	1	9	44	18	43	7	56	16	13	6	39	17	16
1	11	9	42	18	53	7	53	16	25	6	41	17	23
1	21	9	37	19	05	7	45	16	39	6	40	17	30
2	1	9	27	19	20	7	33	16	56	6	37	17	39
2	11	9	15	19	34	7	26	17	04	6	31	17	45
2	21	9	00	19	47	7	01	17	28	6	24	17	52
3	1	8	47	19	58	6	45	17	42	6	17	17	56
3	11	8	30	20	10	6	20	17	58	6	08	18	01
3	21	8	12	20	23	6	51	18	14	5	57	18	05
4	1	7	52	20	36	5	40	18	31	5	46	18	10
4	11	7	34	20	48	5	20	18	46	5	36	18	15
4	21	7	18	21	00	4	59	19	01	5	27	18	19
5	1	7	02	21	12	4	41	19	16	5	19	18	24
5	11	6	49	21	23	4	25	19	30	5	12	18	29
5	21	6	39	21	34	4	13	19	44	5	07	18	34
6	1	6	31	21	44	4	01	19	57	5	04	18	39
6	11	6	27	21	51	3	57	20	07	5	03	18	44
6	21	6	27	21	55	3	57	20	09	5	05	18	46

续表

日期		乌鲁木齐				海拉尔				台北			
月	日	时	分	时	分	时	分	时	分	时	分	时	分
7	1	6	31	21	55	4	00	20	10	5	07	18	48
7	11	6	37	21	52	4	08	20	10	5	11	18	47
7	21	6	46	21	45	4	19	20	01	5	16	18	44
8	1	6	58	21	33	4	32	19	43	5	21	18	39
8	11	7	09	21	20	4	46	19	28	5	26	18	32
8	21	7	20	21	05	5	00	19	07	5	30	18	24
9	1	7	32	20	46	5	16	18	46	5	34	18	13
9	11	7	44	20	28	5	30	18	27	5	38	18	03
9	21	7	55	20	10	5	45	17	53	5	42	17	52
10	1	8	06	19	51	6	00	17	42	5	46	17	41
10	11	8	18	19	34	6	14	17	22	5	50	17	31
10	21	8	31	19	17	6	30	17	02	5	55	17	22
11	1	8	45	19	01	6	48	16	42	6	01	17	14
11	11	8	58	18	48	7	04	16	27	6	08	17	08
11	21	9	11	18	39	7	19	16	13	6	15	17	05
12	1	9	23	18	34	7	34	16	06	6	22	17	04
12	11	9	33	18	32	7	44	16	04	6	29	17	06
12	21	9	40	18	35	7	52	16	06	6	34	17	09

附　　录

附录一

国际信鸽联盟简介

国际信鸽联盟(法文缩写 FCI)成立于 1948 年，总部设在比利时布鲁塞尔，现有会员协会 54 个，现任主席是西班牙的卡洛斯先生(CARLOS MARQUEZ PRATZ)，秘书长是比利时的克里斯蒂娜·昂斯女士(Christiane Ons)。国际信鸽联盟最高权力机构是代表大会，管理机构另设副主席 4 人，司库 1 人，执委 11 人(按会员数 1/5 比例推选)，7 个单项委员会(运动、标准、兽医、章程、青年、团结基金和排名大奖赛委员会)。代表大会每两年召开一次，执委会每年召开两次。

附录二

国际信鸽联盟主办的比赛

一、世界信鸽锦标赛

每年一届，是国际最高级别的信鸽公棚比赛。国际信鸽联盟各会员协会均可申请承办，每个会员协会可选送 25 羽赛鸽参赛。

二、世界信鸽排名大奖赛

每年 3~4 站，分别在不同的国家和地区进行。设分站排名、年度排名和两年一次总排名，是国际鸽联最高级别的公棚大奖赛。

三、奥林匹亚品评赛

两年一届，与国际信鸽联盟代表大会同时、同地举行。

附录三

国际信鸽联盟章程

组织原则

第一条 国际信鸽联盟(以下简称 FCI)系非盈利的以慈善为本的组织，由管理所在国/地区信鸽运动的会员协会以及未成立会员协会的国家，但能够代表该国和地区信鸽运动的协会组成。

总部设在布鲁塞尔

FCI 所属的会员协会和代表协会应接受并承诺遵守 FCI 当前的章程。他们应承诺不对 FCI 实施法律行为。

宗旨

第二条 FCI 的宗旨是全面发展信鸽运动，研究与信鸽运动有关的、公众感兴趣的课题。FCI批准和管理奥林匹克大会、代表大会的组织工作，协调国际比赛和世界锦标赛的组织工作。

FCI的主要宗旨之一还包括加强会员国和地区之间的团结和友谊。

原则

第三条 FCI章程的原则如下：

(1) 尊重会员协会和代表协会在管理所在国和地区的信鸽运动中的主权。

(2) 会员协会和代表协会相互尊重。

管理机构

第四条 FCI的运作由以下机构管理：

代表大会、执委会、分委员会：运动、标准、兽医、章程、青年、团结基金和排名大奖赛委员会。

FCI的总体管理权在于代表大会。FCI代表大会应与奥林匹克大会同时举行，并成为奥林匹克大会的一部分。奥林匹克大会由上届代表大会指定某一会员协会承办，每两年举行一次。

代表大会主要处理有关章程、行政、运动和财务事宜。代表大会根据执委会的意见进行法定选举，决定是否接受会员协会或者申请入会的代表协会。

第五条 为获得FCI的会籍，有关协会必须于奥林匹克大会前两个月向FCI的注册办公室提出申请。申请国和地区必须是国际奥委会的成员。

提出入会申请的同时须提交一份关于本协会活动、养鸽人数、赛鸽数量以及赛事的组织、数量和范围的详细报告。

申请者还须提交两份协会的章程复印件和一封由两个业已成为 FCI 会员的协会签署的支持信。FCI 可接受符合以下两个条件但未成立会员协会的代表入会：

(1) 几个组织联合组成一个统一的代表机构，并能代表他们的所在国。

(2) 该代表性机构须得到 4 个 FCI 会员协会的支持。它的入会申请须附有一份由 FCI 执委会选定的 FCI 会员出具的书面报告。所有所属会员必须交纳 FCI 代表大会规定的会费。

第六条 除章程第 29 条规定的关于会员或代表协会拖欠会费的情况外，开除一个现任会员须得到出席法定代表大会的大多数会员的同意。

第七条 所有代表大会于上午开幕，会期一天。

第八条 至少半数会员希望，并有理由，可召集特别代表大会。在此种情况下，会议的地址由执委会决定。

第九条 所有所属会员有权利向代表大会提出议案。这些议案需于奥林匹克大会开幕之日前 4 个月提交 FCI 秘书处，方可列入议程。

召开特别代表大会时，议案必须于特别代表大会召开前至少 25 天提交 FCI 秘书处。

第十条 代表大会如安排在奥林匹克大会期间召开并且会员所提议案及其理由业已在奥林匹克大会开幕前 4 个月提交了 FCI 秘书处，这些议案和理由将与议程一起于代表大会召开前至少一个月发送至各会员协会或者代表协会。如召开特别代表大会，这些议案和理由须于会前 15 天发送至各会员协会或代表协会。

第十一条 FCI 出的所有正式文件使用法语。会员协会或者代表协会在向 FCI 致函时可使用本国的语言或者国际上广为使用的一门语言。

第十二条 除非出席会议的大多数代表反对，FCI 代表大会是公开的。

第十三条 投票由绝对大多数决定，即 50% 的有效票加 1。如投票结果相等，议案将不予通过。投票可用如下方式进行：

（1）公开唱票，点出各出席的会员协会的名称（由各代表团团长答复）。

（2）举手表决。

（3）如出席会议的大多数代表要求，则进行秘密投票。投票表决的事宜没有限制。

表决权：

每个国家和地区一票，只属于出席会议的代表，并且其所在国拖欠 FCI 的会费不得超过一年，会费的数量由代表大会决定。通过书信表决只适用于特别代表大会，并且须至少在审票前 3 天用盖章的信封寄抵秘书长。

具有正式代表资格并且在 FCI 享有良好声誉的所属会员协会和代表协会享有每国一票的权力。代表大会接纳的新会员将在下次代表大会享有表决权。

应出席会议的会员协会和代表协会书面要求，任何议程之外的事项可加入议程，以便在代表大会上就该事项作出决定。代表大会的这种决议不能是关于修改章程的决议。

除非符合上述条件，大会不能就未列入议程的事项进行表决。

在奥林匹克大会期间召开的代表大会有权设立委员会，并就其他事项作出决定：

（1）下次奥林匹克大会的举办地。

（2）世界锦标赛的主办者。

第十四条 出席代表大会代表具备如下条件：年满25岁，从事赛鸽事业至少5年，具有所代表国家的国籍，是所在国会员协会或者代表协会的会员并得到了他们的许可。他的主要职业不能是与赛鸽有关的盈利活动。

每个有代表权的协会有权向代表大会或者特别代表大会派遣两名代表。这些代表只能代表批准他们与会的会员协会或者代表协会。

第十五条

（一）申办奥林匹克大会的国家，如果得到了代表大会的批准，须负责：

（1）奥林匹克大会的顺利举行；

（2）国际鸽联主席、法定秘书、司库和行政秘书的所有当地费用。

（3）奥林匹克大会的一般费用，特别是与组织工作有关的费用，比如租用展览大厅和会议室（翻译、必要的设备、宴会）。

（4）不得批准拍卖赛鸽，以下情况除外：即拍卖赛鸽是由会员协会在奥林匹克大会的承办地举办或由FCI执委会举办。拍卖地点必须是奥林匹克大会的所在地。拍卖所得只能用于一项或几项福利事业，或减少奥林匹克大会的费用。在后者情况下，所得收益应在主办协会和FCI之间平分。任何个人获利是不允许的。

（5）邀请FCI的前任主席及其他前任委员可由执委会邀请。旅行和住宿费用由客人自己负担。

获奖证书和特别奖金由 FCI 发放。

正式代表和裁判的旅行和当地费用由他们所属的会员协会或代表协会承担。

（二）申办世界锦标赛的国家如已获得了 FCI 代表大会的批准须负责：

（1）修建一个能容纳 FCI 所有会员派出的赛鸽的鸽棚，即每立方米 3 羽赛鸽，安装 FCI 批准的电子计时设备。

（2）比赛距离必须得到 FCI 的批准。比赛距离不可更改，除非承办国要求并获得了 FCI 主席或者出席锦标赛的代表的明确同意。FCI 主席或者他的代表有权参与赛事的有关活动。承办协会须负担他的当地费用。

（3）指定一个 30 天的期限接纳赛鸽入棚。到比赛开始之日，所有参赛鸽的年龄必须是 5～6 个月。

第一羽返回并记录了成绩的赛鸽即为世界冠军。如果 20% 的参赛鸽已返回并记录了成绩比赛即结束（或者到第二天中午截止）。

（4）FCI 将根据执委会的决定负担有关奖励的费用。

（5）参赛鸽系承办国和 FCI 的财产。如果锦标赛与奥林匹克大会在同一年举行，那么，参赛鸽将在奥林匹克大会的拍卖会中拍卖。否则，参赛鸽将由承办国安排地方保存。

在所有的情况下，FCI 均将获得拍卖所得的 25%。

（三）代表大会任命下列分委员会：

运动委员会

标准委员会

兽医委员会

章程委员会

青年委员会

团结基金委员会

排名大奖赛委员会

上述委员会由希望参与的会员协会各派一名委员组成。上述委员会的主席由执委会任命。上述委员会成员的旅费和食宿费由会员协会承担。上述委员会受命向执委会提出建议，以制定有助于实现其目标的计划。必要时，在 FCI 主席的要求下，上述委员将在 FCI 总部集会。在任何情况下，上述委员会制定的规则不得与 FCI 的章程相抵触。

执委会

第十六条 FCI 的运动由执委会管理，该委员会由以下人员组成：主席、4 名副主席、1 名司库、1 名法定秘书和最多每 5 个所属会员 1 名执委组成。

执委会的选举应反映合理的地理布局。执委会还将选举 1 名行政秘书，任期 2 年。行政秘书只有咨询权。执委会的成员必须年满 25 岁，在其所代表的会员协会或者代表协会中至少积极从事了五年的赛鸽运动，拥有其所代表的国家的国籍并且得到了其所在的协会的任命。任何职业与赛鸽有关的人士不得入选执委会。一个协会只能有一人在执委会任职（不包括主席和行政秘书）。

执委任期两年，人员的选举应在奥林匹克大会上或者期间进行。主席应获得绝大多数选票。如果第二次投票之后仍出现票数相等的情况，新的执委会将决定主席人选。主席只能连任两届。执委会的其他成员由代表大会投票选出，可连选连任，但每次均须得到所在会员协会或代表协会的提名。否则，他们的任命无效。会员协会或代表协会因内部原因解除了由代表大会选出的某人的职务，该协会可继续派代表担任执委会成员。

新任代表可行使其作为执委会成员的权利，有投票权，直至下届代表大会。

主席在所有情况下均代表 FCI。他主持讨论，有义务保证章程和规则的执行。如果主席失去了其权利，他将由执委会指定的一名副主席替代。如果后者不能履行权利，将由司库或者法定秘书代行，直至下届奥林匹克大会。

如果司库一职出现空缺，执委会将临时指定一名成员担任。竞选执委会任何职务须提前至少 4 个月将提名提交秘书长，并列入代表大会议程。

第十七条 执委会根据在指定时间内收到的事项拟定代表大会议程。并联络正式主持奥林匹克大会的 FCI 主席以得到他的指示，使大会的组织顺利进行。

第十八条 在代表大会休会期间，执委会对 FCI 的运作、代表大会决议的实施具有广泛的权力。该委员会将采取不与章程相悖的一切必要措施。

第十九条 最大程度地符合本项运动在符合 FCI 以及其委员协会或代表协会利益的前提下，执委会有权就任何未在章程上得到明确规定的紧急事项作出决定。

第二十条 上述决定将在下届代表大会上进行通报。

第二十一条 执委会一般每一年召开两次会议，具体日期由主席决定。在主席批准的前提下，如其中成员有要求，该委员会可召集会议讨论紧急事项。除行政秘书外，出席执委会会议的旅费和住宿费由各成员所在协会负担，而会议当天的餐费由 FCI 负担。

第二十二条 所有执委会的会议通知需至少提前 6 周发出。在紧急情况下，主席有惟一的决定权，通知期可压缩。

第二十三条 为使会议讨论切实有效，出席会议的人数应至少达到执委会成员总数的大多数。在表决结果相同时，主席有决定性的一票。

第二十四条 在每次奥林匹克大会上应提交关于执委会和秘书处的活动的报告。

第二十五条 执委会的成员可由其所在协会委员会的成员代替参加执委会的会议。

第二十六条 处理日常事务是主席和行政秘书的职责。后者负责起草文件、上报主席、请主席签字以及发送文件。行政秘书还要负责书写代表大会纪要，并保证在会议结束后的45天之内将纪要寄到各会员协会和代表协会。行政秘书必须将上述文件以及执委会的会议纪要发送至执委会成员手中。行政秘书负责FCI章程的不断更新。

第二十七条 如所属协会在收到代表大会纪要后45天内未向行政秘书提出异议，那么，纪要则视为通过。

第二十八条 未经FCI承认的信鸽组织的信函或文件须转至其所在国FCI的会员协会或代表协会。只有在得到了该会员协会或代表协会的回复，行政秘书才会采取进一步行动。

财务

第二十九条 在FCI主席的领导下，司库和行政秘书负责会员协会或代表协会会费的收集。主席和行政秘书联合签署支票和授权书，支付FCI的开支。FCI的收支由FCI指定的银行负责。他们将根据上次代表大会的决定，将有关的文件和账目提交审计员。审计如同意，则须在财务报告上签字。FCI的财务结算年度是两次奥林匹克大会之间的时间。

在每次代表大会上，根据司库的提议，将本年度的财务报告提交大会批准通过。任何两年未交纳会费的会员协会或代表协会将受到一份敦促其交费的挂号信函。如果 3 个月内仍未交费，则视为退出。

一般条款

第三十条 所属协会或代表协会不能同属于 FCI 执委会或代表大会认为与 FCI 存在竞争的联合体或团体。

第三十一条 会员协会或代表协会的章程不得与 FCI 的宗旨和原则相矛盾。所有会员协会或代表协会均应按要求向 FCI 秘书处递交一份本会章程的复印件，以便使秘书处了解其中的任何变化。

第三十二条 在执委会的提议下，代表大会可向有贡献人士授予荣誉会员的称号。该荣誉称号不享受特别的权利，由主席颁发 FCI 证书和奖章。

解散

第三十三条 FCI 的存在没有时间限制。它的最终解散须由为此而召集的特别代表大会决定，该特别代表大会的会议通知需提前 45 天发出。

在讨论解散的特别代表大会上表决时，应至少有 2/3 的所属会员或代表协会参加。表决只有在获得了至少 2/3 的有效票数方可通过。如果未达到法定人数，则应在适当时间召集第二次特别代表大会，并由多数票通过关于解散的表决。

决定 FCI 解散的特别代表大会有权处理 FCI 资产的使用。

——2001 年 1 月第 27 届代表大会通过

附录四

国际信鸽联盟执委和单项委员会

执委：

Masahiko Ohta	日　本
Miguel Azcona	墨西哥
Wang Xiaolin 王筱麟	中　国
Francisco Vazquez Loureiro	西班牙
TuNG - BAO TSAI 蔡通保	中国台北
Frantisek Sebesta	捷　克
Ulrich Frei - Zulauf	瑞　士
Andre Coddeville	法　国
Ernest Rossi	马耳他
Mohamed Ratli	摩洛哥
Florin Moldovan	罗马尼亚

单项委员会：

一、体育委员会

主席	Jose Tereso	葡萄牙
委员	Jean - pierre Nell	瑞　士
	Ulrich Frei - Zulauf	瑞　士
	Wang Baosheng 王宝生	中　国
	Ivo Ligabue	意大利
	Bernhard Siemer	德　国

	Ernest Rossi	马耳他
	Masahiko Ohta	日　本
	Florin Moldovan	罗马尼亚
	Roger Tantart	法　国

二、标准委员会

主席	G. Visser	荷　兰
委员	J. M. Goncalves Dos Santos	葡萄牙
	Simon Schenk	瑞　士
	Ulrich Frei - Zulauf	瑞　士
	Eros Carboni	意大利
	Masahiko Ohta	日　本
	Theo Backs	德　国
	Horst Braukamper	德　国
	Jef Segerink	比利时
	Istvan Bardos	匈牙利
	Roger Tantart	法　国

三、医务委员会

主席	Horst Menzel	德　国
委员	Jurgen Raddei	德　国
	Marc Ryon	葡萄牙
	F. Vazquez Loureiro	西班牙
	Ing. Duchatel	比利时

四、青年委员会

主席	Jose Tereso	葡萄牙

委员	Mark De Backer	比利时
	Detlef Mampel	德国
	Ernest Rossi	马耳他

五、章程委员会

主席	Guy Barrett	英国
委员	Stef Swinnen	比利时
	Yang Zengqin 杨曾秦	中国
	F. Vazquez Loureiro	西班牙
	Masahiko Ohta	日本

六、团结基金委员会

主席	G. Visser	荷兰
委员	Jose P. Quintero Gonzalez	古巴
	Jose Tereso	葡萄牙
	Karen Clifton	美国
	F. Vazquez Loureiro	西班牙
	Carlos Marquez Prats	西班牙

七、排名大奖赛委员会

主席	Ivo Ligabue	意大利
委员	Carlos Marquez Prats	西班牙
	Ernest Rossi	马耳他
	Jose Tereso	葡萄牙
	Bruno Bucher - Herrenberg	瑞士
	Istvan Bardos	匈牙利
	Attila Petho	匈牙利

附录五

国际信鸽联盟会员名单

1. AFRIQUE DU SUD 南　非
2. ALLEMAGNE 德　国
3. ARABIE SAOUDITE 沙特阿拉伯
4. ARGENTINE 阿根廷
5. AUSTRALIE 澳大利亚
6. AUTRICHE 奥地利
7. BAHRAIN 巴　林
8. BELGIQUE 比利时
9. BOSNIE HERZEGOVINE 波　黑
10. BRESIL 巴　西
11. BULGARIE 保加利亚
12. CANADA 加拿大
13. CHILI 智　利
14. CHINE 中　国
15. CHINESE TAIPEI 中国台北
16. COLOMBIE 哥伦比亚
17. CROATIE 克罗地亚
18. CUBA 古　巴
19. DANEMARK 丹　麦
20. DUBAY 迪　拜
21. ESPAGNE 西班牙

22．ETATS – UNIS　　　　　美　国(美国信鸽爱好者协会)
(I．F．OF AMERICAN HOMING PIGEON FANCIERS inc.)
23．ETATS – UNIS　　　　　美　国（美国赛鸽协会）
（THE AMERICAN RACING PIGEON UNION）
24．FRANCE　　　　　　　　法　国
25．GRAND – DUCHE　　　　卢森堡
26．GRANDE – BRETAGNE　英　国（英国皇家赛鸽协会）
（ROYAL PIGEON RACING ASSOCIATION）
27．GRANDE – BRETAGNE　英　国（北英格兰信鸽协会）
（NORTH OF ENGLAND HOMING UNION）
28．GRECE　　　　　　　　希　腊
29．HONG – KONG，China　中国香港
30．HONGRIE　　　　　　　匈牙利
31．ITALIE　　　　　　　　意大利
32．JAPAN　　　　　　　　日　本
33．KOWEIT　　　　　　　 科威特
34．MALTE　　　　　　　　马耳他
35．MAROC　　　　　　　　摩洛哥
36．MEXIQUE　　　　　　　墨西哥
37．NORVEGE　　　　　　　挪　威
38．PAYS – BAS　　　　　　荷　兰
39．PEROU　　　　　　　　秘　鲁
40．PHILIPPINES　　　　　菲律宾
41．POLOGNE　　　　　　　波　兰
42．PORTUGAL　　　　　　 葡萄牙
43．ROUMANIE　　　　　　 罗马尼亚
44．PUSSIE　　　　　　　　俄罗斯

45. SLOVAQUIE 斯洛伐克
46. SLOVENIE 斯洛文尼亚
47. SUEDE 瑞　典
48. SUISSE 瑞　士
49. TCHEQUIE 捷　克
50. THAILANDE 泰　国
51. TRINIDAD 特立尼达
52. UKRAINE 乌克兰
53. URUGUAY 乌拉圭
54. YOUGOSLAVIE 南斯拉夫

附录六

国际信鸽联盟会员国家和地区足环代码

1. 秘鲁 APCO - PERU
2. 阿根廷 ARG
3. 美国（ARPU） AU
4. 奥地利 AUSTRIA
5. 比利时 BELG
6. 保加利亚 BG
7. 巴西 BRASIL
8. 瑞士 CH
9. 中国 CHN
10. 哥伦比亚 COL
11. 克罗地亚 CRO

12．捷克　　CS
13．斯洛伐克　　CS－S
14．丹麦　　DAN
15．德国　　DV
16．西班牙　　ESP
17．古巴　　F.C.C
18．法国　　FRANCE
19．英国　　GB
20．中国香港　　HKG
21．匈牙利　　HUN
22．美国（INT．FED）　　I.F
23．意大利　　ITALY
24．日本　　JPN
25．韩国　　KOREA
26．沙特　　K.S.A
27．卢森堡　　LUXEMBOURG
28．马耳他　　MALTA
29．墨西哥　　MEXICO EMC
30．荷兰　　NL
31．挪威　　NORGE
32．波兰　　PL
33．葡萄牙　　PORTUGAL
34．罗马尼亚　　RSR
35．南非　　SAHU
36．瑞典　　SVERIGE－S
37．泰国　　TH H.F.F.FCI
38．中国台北　　CFPF TAI ROC

39．特立尼达和多巴哥　　TRINIDAD&TOBAGO
40．南斯拉夫　　YU
41．波黑　　BIH
42．英国　　GB
43．摩洛哥　　MAROC
44．澳大利亚　　AUST.AUS
45．菲律宾　　PA.PHA

附录七

FCI奥林匹亚品评标准

标准组

人们在谈到品评鸽时总是不屑一顾，认为品评鸽没有什么可炫耀的竞翔成绩。这可能是对的，但并不绝对。品评鸽在国际比赛中又称为标准鸽，所谓标准则意味着要达到一些看得见、摸得着的条件，对此国际鸽联有明确的要求。这些条件不是什么秘密，通过努力可以达到。1羽赛鸽要参加奥林匹亚品评大会时，它必须具备这些条件。实际上，在我们的鸽棚里，接近竞翔“标准”而外表又漂亮的鸽子很少，我们需要努力去争取。选拔标准鸽就像选美一样，最重要的标准是赛鸽自身的因素。在比赛中所有鸽子均由5名中立的检查官进行裁判。他们完全独立地写出自己的评价，之后作出一个公正的决定。评判的最高分和最低分将被去掉，其他三人的评分相加即得最后名次。分数最高的将是获胜者。一个国家的10羽鸽子总分最高，那么，这个国家就是奥林匹亚大会标准级团体冠军的获胜者。

总则：

保证各协会赛鸽完全匿名；
奥运会组办协会负责核实成绩。

一、标准组评分法

序号	分类	检察官评分				
		1	2	3	4	5
1	总体印象、头部、眼睛及表现力（10分）					
2	整体骨架、胸骨、尾骨（10分）					
3	外形、稳定性、尾部（20分）					
4	平衡、整体协调、肌肉（30分）					
5	翅膀、尾部、羽毛质量（30分）					
6	总分（100分）					

并列情况下的操作程序：
（一）个人排名

1．第 3、4、5 点相加，总分高者名次列前；

2．第 5 点得分高者名次列前；

3．第 4 点得分高者名次列前；

4．第 3 点得分高者名次列前；

5．根据裁判评估情况作出决定。

（二）协会排名

以雄性和雌性单鸽前 3 名的最好成绩决定排名。

二、运动组

资格：

A．在 100～400 公里距离的比赛中获得 10 次奖励（总距离不得少于 2000 公里）。

B．在 300～600 公里距离的比赛中获得 8 次奖励（总距离不得少于 3000 公里）。

C．在距离至少为 500 公里的比赛中获得 6 次奖励（总距离不得少于 3500 公里）。

D．（全能）在总距离不少于 3000 公里的比赛中获得过 11 次奖励，其中：100～400 公里的比赛获奖 3～5 次；300～600 公里的比赛获奖 2～6 次；500 公里以上距离的比赛获奖 1～3 次。

注：参赛和获奖时间必须在连续的两年内。

计算公式：

$$得分 = \frac{获得的名次 \times 1000}{参赛鸽总数（最多5000羽）}$$

注：加在一起最多不能超过 5000 羽鸽子，以得分少者名次列前。

附表：

级别	距离	比赛获奖次数		总计公里	有效成绩（比例）
A	100～400公里	10		2000	1/5
B	300～600公里	8		3000	1/5
C	500公里以上	6		3500	1/5
D 全能	100～400公里 300～600公里 500公里以上	11	3～5 2～6 1～3	3000	1/5

注：每个会员协会最多可参加12羽赛鸽（自由选择参加A、B、C、D级别和雌、雄组别）

附录八

信鸽羽色中英文对照表

中文	英文	缩写
白	WHITE	W
灰	BLUE	B
黑	BLACK	BLK
红（绛）	RED	R
花	GRIZZLE	G

红楞	RED - BARRED	R.B
深灰	DARK BLUE	D.B
银白	SILVER	S
雨点	CHECKER	C
灰雨点	BLUE - CHECKER	B.C
深雨点	DARK - CHECKER	D.C
灰白条	BLUE - WHITE FLIGHT	B.W
雨白条	CHECKER - WHITE FLIGHT	C.W
降白条	RED - WHITE FLIGHT	R.W
黑白条	BLACK - WHITE FLIGHT	BLK.W
麒麟花	MOSAIC	M

附录九

中国信鸽协会章程

第一章　总则

第一条　中国信鸽协会简称中国鸽协。英文为“CHINESE RACING PIGEON ASSOCIATION”，缩写为：“CRPA”。

第二条　中国信鸽协会由地方鸽会组成，是自愿结成的、非盈利的全国性信鸽组织。

第三条 中国信鸽协会的宗旨是组织和团结全国信鸽爱好者、遵守我国宪法和各项法律、法规，指导发展我国的信鸽运动，促进社会主义精神文明建设；努力提高信鸽竞翔和品评水平，培育优良信鸽品种，冲出亚洲，走向世界；增进与各国信鸽协会和会员的友谊，加强与国际鸽联和亚鸽联的联系与合作。

第四条 中国信鸽协会接受国家体育总局的业务指导和国家民政部的监督管理。

第五条 中国信鸽协会总部设在北京市。

第二章 业务范围

第六条 中国信鸽协会是根据国家的体育方针、政策和有关法规，统一组织、协调全国信鸽运动的发展，提高信鸽运动水平，促进亚洲和世界信鸽运动的进步，其业务范围包括：

（一）管理、宣传和普及信鸽活动，指导文明养鸽、科学养鸽，组织广大信鸽爱好者积极参加信鸽活动，增进友谊，加强团结，提高信鸽竞翔和品评水平。

（二）根据国家体育行政主管部门和国际体育组织有关规定，负责协调、组织举办国际性比赛，向有关部门提出国际活动及有关事项的建议，获批准后负责全面实施。促进国际交流，增进与各国和地区的信鸽协会的友谊。

（三）负责协调、组织全国性的各类、各级信鸽竞赛，加强会员协会之间的联系与交流，增进信鸽爱好者之间的团结和友谊。

（四）拟定有关信鸽管理制度、竞赛制度、报请国家体育行政主管部门批准后施行。

（五）负责组织信鸽裁判员的培训工作。制定和实施信鸽裁判员技术等级制度。

（六）负责组织信鸽理论、科学和经验交流工作。

（七）命名、建立国家级种鸽棚和赛鸽棚，对地方种鸽棚、赛鸽棚实行评估、审定、管理。

（八）培养优良品种，命名全国名系。

（九）开展与项目发展有关的经营活动，为信鸽事业的发展积累资金。

第三章　会员

第七条　本会实行团体会员制。

第八条　申请加入中国信鸽协会的会员，必须具备下列条件：

（一）拥护本会的章程；

（二）有加入本会的意愿；

（三）各会员协会对在其管辖范围内举行的信鸽活动拥有控制权。

第九条　会员入会的程序是：

（一）提交入会申请书；

（二）经会员代表大会表决通过；

（三）由常委会发给会员证。

第十条　会员享有下列权利：

（一）有选举权、被选举权和表决权；

（二）参加本协会组织的活动；

（三）获得本协会服务的优先权；

（四）对本协会的工作有批评建议权和监督权；

（五）入会自愿、退会自由。

第十一条 会员履行下列义务：

（一）遵守本协会章程，执行本协会决议；

（二）维护本协会合法权益；

（三）完成本协会交办的工作；

（四）按规定交纳会费；

（五）向本会反映情况，提供有关资料。

（六）遵守国家法令和政府部门有关规定，坚持文明养鸽。

第十二条 会员退会应书面通知本协会，并交回会员证。

会员如果1年不交纳会费或不参加本会活动的，视为自动退会。

第十三条 会员协会如有严重违反中国信鸽协会章程的行为，经常委会表决通过，予以除名。

第四章 组织机构和负责人产生、罢免

第十四条 中国信鸽协会的最高权力机构是会员代表大会，其职权是：

（一）制定和修改章程；

（二）选举和罢免委员；

（三）审议常委会的工作报告和财务报告；

（四）决定终止事宜；

（五）决定其他重大事宜。

第十五条 会员代表大会须有2/3以上的会员出席方能召开，其决议须经到会会员（或会员代表）半数以上表决通过方能生效。

第十六条 会员代表大会每届4年。因特殊情况需提前或延期换届的，须由常委会表决通过，报业务主管单位审查并经社团登记管理机关批准同意。但延期换届最长不超过1年。

第十七条 全国委员会是会员代表大会的执行机构，在闭会期间领导本协会开展日常工作，对会员代表大会负责。

第十八条 全国委员会的职权是：

（一）执行会员代表大会的决议；

（二）选举和罢免协会主席、副主席、秘书长；

（三）筹备召开会员代表大会；

（四）向会员代表大会报告工作和财务状况；

（五）决定会员的吸收或除名；

（六）决定设立办事机构、分支机构、代表机构和实体机构；

（七）决定副秘书长、各机构主要负责人的聘任；

（八）领导本协会各机构开展工作；

（九）制定内部管理制度；

（十）决定其他重大事项。

第十九条 全国委员会须有2/3以上委员出席方能召开，其决议须经到会委员2/3以上表决通过方能生效。

第二十条 全国委员会每年召开一次会议，情况特殊的，也可采用通讯形式召开。

第二十一条 本会设立全国委会员常委会。常委会由全国委员会选举产生，在全国委员会闭会期间行使第十八条第一、三、五、六、七、八、九项的职权，对全国委员会负责（常委会人数不超过全国委员会的1/3）。

第二十二条 常委会必须有2/3以上常委出席方能召开，其决议须经到会常委2/3以上表决通过方能生效。

第二十三条 常委会每半年召开一次会议；情况特殊的也可采用通讯形式召开。

第二十四条 主席、副主席、秘书长必须具备下列条件：

（一）坚持党的路线、方针、政策，政治素质好；

（二）熟悉信鸽业务，在信鸽界有较大影响；

（三）主席、副主席、秘书长最高任职年龄不超过70周岁，秘书长为专职；

（四）身体健康，能坚持正常工作；

（五）未受过剥夺政治权利的刑事处罚的；

（六）具有完全民事行为能力。

第二十五条 主席、副主席、秘书长如超过最高任职年龄的，须经常委会表决通过，报业务主管单位审查并获社团登记管理机关批准同意后，方可任职。

第二十六条 主席、副主席、秘书长任期4年。因特殊情况需要延长任期的，须经会员代表大会2/3以上会员表决通过，报业务主管单位审查并经社团登记管理机关批准同意后方可任职。

第二十七条 秘书长为协会法定代表人。本团体法定代表人不兼任其他团体的法定代表人。

第二十八条 本协会主席行使下列职权：

（一）召集和主持常委会；

（二）检查会员代表大会、常委会决议的落实情况；

（三）代表协会签署有关重要文件。

第二十九条 秘书长行使下列职权：

（一）主持办事机构开展日常工作，组织实施年度工作计划；

（二）协调各分支机构、代表机构、实体机构开展工作；

（三）提名副秘书长以及各办事机构、分支机构、代表机构和实体机构主要负责人，交常委会决定；

（四）决定办事机构、代表机构、实体机构专职工作人员的聘用。

（五）处理其他日常事务。

第五章　资产管理、使用原则

第三十条　经费来源：

（一）会费收入；

（二）国内外团体和个人的捐赠；

（三）国家体育行政管理部门的拨款；

（四）有偿服务收入和其他正当收入；

（五）利息。

第三十一条　本协会按照国家有关规定收取会员会费。

第三十二条　本协会经费必须用于本章程规定的业务范围和事业的发展，不得在会员中分配。

第三十三条　本协会建立严格的财务管理制度，保证会计资料合法、真实、准确、完整。

第三十四条　本协会的资产管理必须执行国家规定的财务管理制度，接受会员代表大会和财政部门的监督。资产来源属于国家拨款或者社会捐赠、资助的、必须接受审计机关的监督，并将有关情况以适当方式向社会公布。

第三十五条　本协会换届或更换法定代表人之前必须接受社团登记管理机关和业务主管单位组织的财务审计。

第三十六条　本协会的资产，任何单位、个人不得侵占、私分和挪用。

第六章　章程的修改程序

第三十七条　协会章程的修改须经常委会表决通过后报会员代表大会审议。

第三十八条　修改的章程，须在会员代表大会通过后15日内，经业务主管单位审查同意，并报社团登记管理机关核准后生效。

第七章　终止程序及终止后的财产处理

第三十九条　协会完成宗旨或自行解散或由于分立、合并等原因须注销的，由常委会提出终止动议。

第四十条　协会终止动议须经会员代表表决通过，并报业务主管单位审查同意。

第四十一条　协会终止前，须在业务主管单位及有关机关指导下成立清算组织，清理债权债务，处理善后事宜。清算期间，不开展清算以外的活动。

第四十二条　协会经社团登记管理机关办理注销登记手续后即为终止。

第四十三条　协会终止后的剩余财产，在业务主管单位和社团登记管理机关的监督下，按照国家有关规定，用于发展与协会宗旨相关的事业。

第八章　附　则

第四十四条　本章程经会员代表大会表决通过。

第四十五条 本章程的解释权属常委会。

第四十六条 本章程自社团登记管理机关核准之日起生效。

附录十

信鸽活动管理办法

社体字[2001]5号

第一章 总 则

第一条 为加强对我国信鸽活动的管理，推动信鸽活动健康有序发展，根据《中华人民共和国体育法》及国家有关法律法规，制定本办法。

第二条 本办法适用于在中国境内开展的信鸽活动。

第三条 国家体育总局社会体育指导中心主管全国信鸽活动，委托中国信鸽协会负责组织实施。

第四条 地方各级体育行政部门(含人民政府授权管理体育工作的机构，下同）对本行政区域内信鸽活动进行管理。

第五条 一个行政区域只能申报成立一个信鸽协会(包括省级、市级和区县级)，未经体育和民政部门批准，任何单位和个人不得擅自成立信鸽活动社团组织。

第六条 各级体育行政部门应当关心、支持信鸽活动，为信鸽协会及其会员训养赛鸽和开展各项活动创造必要条件。

第二章　信鸽竞赛和活动

第七条　代表中国参加国际性信鸽竞赛活动，必须由国家体育总局社会体育指导中心统一组织，由中国信鸽协会负责实施。

第八条　在中国境内举办的全国性、国际性(含台、港、澳地区)信鸽竞赛活动(包括公棚赛)，必须报国家体育总局批准。未经批准，不得以“全国”“中国”或“国际”冠名举办比赛活动。

第九条　跨省、市举办的信鸽竞赛活动必须向举办地体育行政部门申请，由举办地体育行政部门负责审批和管理。

第十条　各省、自治区、直辖市在本行政区域内举办的信鸽竞赛活动，由相应的地方体育行政部门自行审批管理。

第十一条　凡举办以收取参赛费形式筹集奖金的信鸽比赛，其奖金支出比例不得低于收取参赛费总和的30%。

第十二条　举办信鸽展示和拍卖活动，必须经当地信鸽协会同意并报当地体育行政部门批准。

第十三条　举办全国性和国际性信鸽展示会和拍卖会，必须经所在地区省级体育行政部门报国家体育总局批准，由持有公安部门批准的特行许可证的拍卖组织进行拍卖。

第十四条　举办信鸽竞赛活动的收入和所得奖金必须依法纳税。

第三章　裁判员

第十五条　裁判员必须接受所在地体育行政部门及所属信

鸽协会的领导和监督，严格遵守裁判纪律。

第十六条 未经中国信鸽协会和所属信鸽协会的选派，裁判员不得擅自参加信鸽比赛的裁判工作。

第十七条 除中国信鸽协会举办的国际性和全国性比赛之外，举办信鸽竞赛需借调国家级裁判员的，必须经中国信鸽协会批准，由协会统一选派。

第十八条 负责具体组织竞赛工作的竞赛委员会应当在比赛前审核裁判员证书的注册和登记情况，如不符合规定，竞赛委员会应立即停止其裁判工作。

第十九条 未经相应一级信鸽协会批准，连续两年未担任裁判工作和参加学习培训、考核的裁判员，撤消其裁判员等级称号。

第二十条 凡参加市级以上比赛，赛区裁判长应负责填写裁判员工作手册，内容包括裁判员工作职务和鉴定并签字或盖章。

第二十一条 受到赛区处分的裁判员，由该次比赛的裁判长在该裁判员证书内注明。

第四章 经营性组织

第二十二条 经营性组织是指以种鸽棚、赛鸽棚、俱乐部、中心、基地及其他名称命名的、以经营为目的的信鸽组织。

未经相应一级体育行政部门批准，上述组织不得以“世界、国际、中国、中华、全国、省(区、市)”等冠名。

第二十三条 地方各级信鸽协会在各自的职责范围内对信鸽经营性组织进行管理、监督和业务指导。

第二十四条 中国信鸽协会负责对信鸽公棚(包括中心、基地)和经营性组织进行等级评定，负责对信鸽项目从业人员(包括教练员和管理人员）的资格认证和具体管理。

第五章 器材和装备

第二十五条 中国信鸽协会统一定制信鸽足环、足环证、奖状及归巢证，并逐级下发，其他单位和个人不得仿制和销售。

第二十六条 中国信鸽协会负责赛鸽专用计时钟的鉴定、审批和使用，未经中国信鸽协会批准认可的鸽钟不允许在比赛中使用。

第二十七条 空距测量仪器 GPS 和竞赛应用软件由中国信鸽协会指定。

第六章 对外交流

第二十八条 未经中国信鸽协会批准，任何单位和个人不得擅自与境外的信鸽组织进行联系、组队出访、参加比赛活动。

第三十九条 不允许以中国信鸽协会名义对外进行招商和从事商业活动。

第三十条 与境外友好城市开展的双边竞赛及交流活动，必须报所在地区体育和外事部门批准后方可实施。

第七章 新闻及广告

第三十一条 未经新闻出版部门批准，任何单位和个人不得擅自出版和发行信鸽专业期刊杂志。

第三十二条 用于本协会内部指导工作、交流信息的"内部资料"不得收工本费，不得刊登广告，不得在社会上发行。

第三十三条 发布和刊登与信鸽相关的广告，必须提供真实、合法、有效的证明文件。涉及竞赛和赛鸽成绩的广告，必须有县级以上信鸽协会证明、竞翔成绩单、获奖证书等。

第三十四条 刊登下列广告和内容必须经中国信鸽协会批准：

（一）信鸽展示会、拍卖会的广告；

（二）信鸽竞翔专用计时设备(鸽钟)广告；

（三）公棚赛、俱乐部比赛规程、信息、成绩；

（四）个人简历和专访广告；

（五）港澳台地区信鸽组织、人物介绍及其他新闻报道；

（六）其他应经中国信鸽协会批准的内容。

第三十五条 刊登广告的企业或个人须填写广告登记表并承担法律责任。

第三十六条 举办信鸽竞赛和其他活动的广告内容必须真实、健康，不得误导、欺骗参赛者和协会会员。

第八章　卫生和检疫

第三十七条 信鸽协会和会员要自觉做好信鸽驯养卫生和检疫工作，经常清扫鸽舍、定期作防疫清洗和消毒、定时驯放赛鸽、定期接种疫苗。

第三十八条 搭建鸽舍、鸽棚要按照市政规划和信鸽协会的规定。

第三十九条 引进和输出信鸽，必须到国家动植物检疫部门办理手续。

第九章　奖励与处罚

第四十条　对信鸽事业有突出贡献的协会、单位和个人，由中国信鸽协会报请国家体育总局给予表彰和奖励。

第四十一条　从事信鸽活动的经营性组织违反规定，有下列情形之一的，各级信鸽协会可以根据情节轻重分别予以警告、通报批评和依法取缔比赛、取消其会员资格的处罚。

（一）未经体育行政部门批准，从事信鸽竞赛及活动；

（二）从事与章程载明的宗旨和目的不一致的活动；

（三）以举办比赛及活动名义牟取暴利，弄虚作假，损害会员利益；

（四）从事非法经营活动，扰乱信鸽活动正常秩序。

第四十二条　裁判员违反规定，有下列情形之一的，各级信鸽协会可以根据情节轻重分别给予警告，取消该次比赛裁判资格，停止裁判工作两年，撤消裁判技术等级称号并停止终身裁判工作。

（一）未经批准擅自参加比赛的裁判工作；

（二）在赛区工作期间不遵守纪律、执法不公、妨碍公正执法；

（三）在比赛执裁中有明显错误，造成不良影响。

对临场裁判员的处罚由竞赛委员会根据当时情况决定。停止裁判工作两年、撤消裁判技术等级称号并终身停止裁判工作的处罚，由竞赛委员会报该裁判员审批单位批准，由审批单位发出通报。

第四十三条　从事信鸽活动的单位和个人违反规定有下列情形之一的，各级信鸽协会可以视情节轻重分别给予警告、通报批评及取消其会员资格的处罚。

（一）发布和刊登未经批准和无有效证明文件的广告；

（二）未经批准擅自参加在国外举办的信鸽比赛和活动；

（三）未经批准擅自定制和使用特比环及协会其他用环。

第十章　附　则

第四十四条　各级信鸽协会可以依据本办法制定相应的管理办法。

第四十五条　本办法实施前已从事信鸽活动的单位和个人，应在本办法颁布之日起一年内到相应一级体育行政部门和信鸽协会补办手续。

第四十六条　本办法自颁布之日起执行。

国家体育总局办公厅

2001 年 2 月 6 日

附录十一

信鸽活动管理办法实施细则

第一章　总　则

第一条　为加强对我国信鸽运动的管理，推动信鸽运动健康有序地发展，根据《中华人民共和国体育法》《信鸽活动管理办法》及国家有关法律法规，制定本细则。

第二条 国家体育总局社会体育指导中心主管全国的信鸽活动，由中国信鸽协会负责组织实施管理。

中国信鸽协会是代表中国参加相应的国际体育组织及国际信鸽活动的惟一合法组织。

第三条 信鸽运动是国家体育总局正式批准开展的体育项目，属社会体育范畴。

第四条 地方各级体育行政部门(含人民政府授权管理体育工作的机构,下同)对本行政区域内信鸽活动进行管理。地方各级信鸽协会负责组织实施。

第五条 行业信鸽协会须按照本协会章程在所管辖的范围内开展工作。

第六条 未经体育和民政部门批准，任何单位和个人不得擅自成立信鸽运动社团组织，一个行政区只能有一个信鸽协会。

第七条 凡在中国境内举办的信鸽活动，必须遵照本办法。

第二章 竞赛及活动

第八条 代表中国参加国际性信鸽竞赛活动，必须由国家体育总局社会体育指导中心统一组织，由中国信鸽协会具体实施。

第九条 在中国境内举办的全国性、国际性(含台、港、澳地区)信鸽竞赛活动(包括公棚赛)，必须报国家体育总局批准。

第十条 举办跨省、市信鸽公棚赛，必须向省级体育行政部门申请，由省级体育行政部门和省级信鸽协会负责审批、监督和管理。

第十一条 各省、自治区、直辖市在本行政区域内举办的常规信鸽竞赛活动，由地方体育行政部门和省级协会审批、管理。

第十二条 任何单位和个人未经体育行政管理部门和信鸽协会批准，不得擅自举办信鸽竞赛活动。

（一）涉外和全国性信鸽比赛(包括全国性、国际性公棚赛)必须提前6个月(按集鸽日期计算)向国家体育总局申请。

（二）其他竞赛活动必须提前两个月报相应一级体育行政部门和信鸽协会批准。

第十三条 申请举办信鸽竞赛的单位或个人，必须具备下列条件：

（一）能够独立承担民事责任。

（二）有与竞赛规模相当的组织机构和管理人员以及相适应的设施和经费。

（三）有具体的竞赛规程和比赛组织实施方案。

（四）法律、法规以及协会规定的其他条件。

第十四条 申请举办信鸽竞赛活动须提交下列材料：

（一）竞赛规程，其中必须包括竞赛项目、时间和地点，参赛单位、竞赛办法和竞赛规则，以及奖励办法等。

（二）举办单位法人签署的竞赛申请书。

（三）举办地信鸽协会审批的文件。

（四）举办竞赛所需的场地器材、通讯设备、管理人员情况等材料。

第十五条 申请举办全国性、国际性比赛(包括公棚赛)

的单位和个人要根据比赛规模交纳奖金总额的50%保证金，保证金在履行比赛协议条款后退还。

第十六条 审批单位须在一个月内对上报的竞赛活动作出批复。

第十七条 信鸽竞赛的名称必须与竞赛的实际内容相一致，不得弄虚作假，未经国家体育总局批准，比赛不得冠以“世界”“国际”“中国”“全国”“中华”或同义名称。

第十八条 以收取参赛费形式筹集奖金的公棚，其奖金支出比例不得低于收取参赛费总和的30%。

第十九条 承办信鸽竞赛活动的单位和个人要依法接受体育行政部门的监督检查，其广告、赞助、资金、物品的管理和使用应当严格执行国家有关规定，并自觉接受审计、税务等部门的管理和监督。

第二十条 中国信鸽协会有权委托审计部门对举办竞赛活动的单位竞赛经费收支情况进行审计。

第二十一条 不得接收佩戴台湾信鸽组织发行的CRPA足环的台鸽参加国内信鸽活动，违者按违反国家对台方针处之。

第三章 裁判员

第二十二条 信鸽裁判员必须接受体育行政部门及所属协会的领导和监督，严格遵守裁判纪律，在所属协会的统一管理下参加裁判工作，并有义务对下一等级裁判员进行培训。

第二十三条 一级以上裁判员(含一级)必须积极参加所属协会组织的裁判工作和活动，否则所属协会有权建议上级协会和业务主管部门不再对其选派任务。

第二十四条 全国性和国际性比赛的正副裁判长和骨干裁

判员由中国信鸽协会直接选派，省级比赛(包括国家赛地方裁判员)委托各省(区、市)、行业协会选派。

第二十五条 未经中国信鸽协会和所属协会的选派，裁判员不得擅自参加信鸽比赛的裁判工作，无权接受比赛组织工作。否则将根据体育竞赛裁判员管理条例予以处罚，处罚分为：警告、通报批评、停止裁判工作、降低等级称号、撤消等级称号等。

第二十六条 各基层协会应制定本地区裁判工作培训、使用计划，对所管理的裁判员的政治表现和业务能力定期进行考核、评定，对表现优秀、工作成绩显著者，应给予表扬，奖励或推荐参加晋级考试。

第二十七条 未经相应一级协会批准连续两年未担任裁判工作和参加学习培训、考核的裁判员，撤消其等级称号。国家级裁判员由中国信鸽协会报国家体育总局批准撤消；一级裁判员由省级协会报省级体委批准撤消。

第二十八条 每偶数年的 12 月 1 日至次年 1 月 31 日为信鸽国家级裁判员注册期。裁判员必须到中国信鸽协会秘书处进行注册，每人交纳注册费 50 元。一级以下裁判员由各级体育行政部门或授权的单位进行注册，并报上一级协会备案。

第二十九条 对触犯刑律的违法违纪者应立即除名并撤消其等级称号。对在社会上或本职工作中表现不好、道德败坏者，撤消其等级称号。

第三十条 国家级比赛裁判长须对本赛区工作写出书面总结，比赛结束后一周内交中国信鸽协会存档。

第三十一条 建立裁判员工作手册登记制度。工作手册由裁判员本人保管。凡参加市级以上比赛，赛区裁判长应负责填写裁判员工作手册，内容包括裁判员工作职务和鉴定并签字或盖章。

第三十二条 选派裁判员参加全国性比赛的费用由赛会负担。

第四章 对外交流

第三十三条 严格执行国家体育行政部门对外交流有关规定。

第三十四条 地方组队参加国际比赛活动，必须报国家体育总局批准后方可实施。

第三十五条 任何单位和个人未经中国信鸽协会同意，不得擅自与境外的信鸽组织发生联系，也不允许邀请他们来华访问或从事商业活动。

第三十六条 任何单位和个人不允许擅自与境外信鸽组织联系组队出访、参加比赛和进行对外交流活动。

第三十七条 不得擅自以中国信鸽协会名义对外进行招商和从事商业活动，违者将以欺诈行为依法追究其责任。

第三十八条 与境外友好城市开展的双边信鸽竞赛及交流活动，必须报所在地区体育和外事部门批准后方可实施。

第三十九条 合资企业、公司或因私办理出入境活动的单位和个人，按国家有关规定执行。

第五章 新闻及广告

第四十条 严格遵守中华人民共和国新闻出版法，未经新闻出版部门批准，任何单位和个人不得出版和发行信鸽专业期刊杂志。

第四十一条 各级信鸽协会自办内部发行的信鸽杂志，应遵守国家新闻出版署对内部刊物的有关管理规定。

第四十二条 用于协会、本系统内部指导工作，交流信息的“内部资料”不得收工本费，不得刊登广告，不得在社会上发行。

第四十三条 发布和刊登与信鸽相关的广告，必须符合中华人民共和国广告法和其他有关法律、行政法规的规定。

第四十四条 刊登信鸽相关的广告，必须提供真实、合法、有效的证明文件。涉及赛鸽成绩的广告，必须有相应一级信鸽协会竞翔成绩单、证明、获奖证书等。

第四十五条 信鸽专业期刊杂志不允许刊登无成绩证明和血统证明的“绩优”鸽广告。

第四十六条 信鸽专业期刊杂志不得擅自刊登未经相应一级协会批准举办的信鸽竞赛消息、成绩。

第四十七条 未经中国信鸽协会批准，信鸽专业期刊不允许刊登下列广告：

（一）信鸽展示会、拍卖会的广告；

（二）信鸽竞翔专用计时设备(鸽钟)广告；

（三）公棚赛、俱乐部比赛规程、信息、成绩。

第四十八条 未经中国信鸽协会批准，不允许刊登港澳台地区信鸽组织和有关人员介绍及其他新闻报道。

第四十九条 未经中国信鸽协会批准，广告的文字信息介绍不允许使用“世界”“国际”“全国”“中国”“中华”等名称。广告用语禁止使用形容词的最高级别。

第五十条 以个人名义刊登的广告除标明鸽棚名称外，必须注明鸽主姓名。

第五十一条 以企业名义刊登广告，其内容必须与执照业务范围一致。

第五十二条 刊登期刊、书籍、音像制品等广告必须提供新闻出版部门批准的文件、刊号、书号等证明文件。

第五十三条 申请刊登信鸽药品广告，必须提交下列证明文件：

（一）生产、药检和销售许可等证明文件。

（二）刊登境外生产的药品广告还需提供《进口药品注册证书》及销售许可证。

第五十四条 广告应真实合法，不得含有虚假内容，不得欺骗和误导消费者。

第五十五条 刊登广告的企业或个人必须承担其广告的法律责任。

第五十六条 申请参与信鸽活动的广告经营单位或其他中介组织，须符合国家规定的从业条件并与信鸽活动的主办者签订承办协议后方可对外开展有关业务。

第五十七条 信鸽活动中的广告赞助行为不得与中国信鸽协会指定赞助商的广告权益发生冲突，其收入的管理和使用应符合国家的有关规定，并自觉接受审计部门的监督。

第六章 经营性组织

第五十八条 经营性组织是指种鸽棚、赛鸽棚、俱乐部、中心、基地以及其他名称的以经营为目的的信鸽组织。

未经批准，上述组织不得以“国际、中国、中华、全国、省(区、市)”等冠名。

第五十九条 信鸽经营性组织所开展的活动，要遵守国家法律、法规和行业规定，接受当地体育、工商、税务、公安等部门的管理和监督。

第六十条 各级信鸽协会协助相应的政府职能部门对信鸽经营性组织进行管理、监督和业务指导。

第六十一条 信鸽经营性组织必须到所在地区体育行政管理部门和信鸽协会办理注册登记手续，否则不允许申办信鸽竞赛活动。

第六十二条 凡违反规定有下列情况之一的，各级协会可根据其情节轻重分别予以警告、罚款、撤消和依法取缔比赛活动的处罚。

（一）未经体育行政部门批准从事信鸽竞赛及活动；

（二）从事与载明的宗旨和目的不一致的活动；

（三）在举办的竞赛活动中弄虚作假，损害会员利益；

（四）从事非法经营活动，扰乱信鸽活动正常秩序。

第六十三条 中国信鸽协会负责实施对信鸽公棚(包括中心、基地)的等级评定，负责实施对信鸽项目从业人员(包括教练员和管理人员)的资格认证管理(具体办法另行制定)。地方各级信鸽协会在各自职责范围内对上述组织和人员实行管理。

第七章　市场活动

第六十四条 任何单位和个人举办与信鸽相关的活动(种鸽交流、信鸽展示会和信鸽拍卖活动)必须报相应一级体育行政部门批准，同时应接受公安、工商、税务等部门的管理和监督。

第六十五条 举办全国性和国际性信鸽展示会和拍卖会，

必须经所在地区省级体育行政部门报国家体育总局批准。

第六十六条 在异地举办信鸽展示和拍卖活动须经当地信鸽协会同意报当地体育行政部门批准后实施。

第六十七条 组织信鸽拍卖活动，必须由公安部门批准的有特行许可证的拍卖行组织实施。拍卖应遵守《中华人民共和国拍卖法》。

第六十八条 生产和销售信鸽用具、饲料、营养保健品、药品必须符合国家有关法律规定，到工商部门办理营业执照及生产和销售许可证。

第六十九条 信鸽足环是协会会员参加信鸽活动的重要凭证，由中国信鸽协会统一定制并逐级下发，其他部门和个人不得仿制和销售。违者依法追究其责任。

第七十条 赛鸽专用计时钟的鉴定、使用、推荐和指定由中国信鸽协会负责。任何单位和组织不允许擅自使用未经中国信鸽协会批准认可的鸽钟。

第七十一条 用于信鸽竞赛测量空距的 GPS 仪器的型号和计算成绩使用的软件由中国信鸽协会审定。

第八章 卫生、环保和检疫

第七十二条 各级信鸽协会和会员要自觉、积极的配合当地有关部门，做好信鸽驯养卫生、环境保护和检疫工作，防止疾病传播，并按环保及美化城市的要求搭建鸽舍、鸽棚。

第七十三条 配合国家和地方检疫部门切实做好赛鸽出入境检疫工作。信鸽的出入境检疫要严格遵守《中华人民共和国进出境动植物检疫法》。

第七十四条 任何单位和个人办理引进和输出信鸽业务，

必须向国家有关部门提出申请，办理手续。

第七十五条 对有欺骗和谎报检疫内容行为的单位和个人，将建议国家检疫部门取消其报检资格。

第七十六条 严禁非法引进和输出信鸽，违者依法追究其责任。

第九章 奖励与处罚

第七十七条 凡按照规定举办信鸽活动，对信鸽事业有突出贡献的组织、单位和个人，由中国信鸽协会报请国家体育行政部门给予表彰和奖励。

第七十八条 在从事信鸽活动过程中，违反本细则的，由各级信鸽协会根据有关条例予以处罚，并视情况轻重给予警告、取消其举办及参加活动的资格或罚款等处罚。

第七十九条 对违反本办法的中国信鸽协会团体会员，除按以上方式处理外，情节特别严重的，中国信鸽协会有权取消其团体会员资格。

第十章 附 则

第八十条 信鸽活动管理办法实施细则由中国信鸽协会负责解释。

第八十一条 各级信鸽协会可依据本细则制定相应的管理条例。

第八十二条 未到体育行政部门和协会注册登记的单位和个人，应前往上述部门补办手续。

附录十二

体育比赛荣誉的裁定

人们从事社会活动时应遵循一定的规则及规范，有的行为受法律规范调整，有的行为只受不是法律的规则调整。由立法机构或有立法权的国家机关经过法定程序制定的为法律，通常包括法令、法律、法规、规章和规则。有的是由相关的社会团体或组织为规范自己的活动而制定的规则；它不属法律范畴，如各类体育运动中参赛运动员(队)或会员以至国家队或会员国，都必须遵守不是法律约束的组织者、参与者的规则。信鸽竞翔活动是一项体育竞技活动，各级信鸽协会直至中国信鸽协会和国际鸽联，是该项体育活动的组织者和管理者，并为规范其竞技活动制定了相应的规则，鸽协及会员都应遵循上级鸽协制定的规则，受其调整。为了将各类体育活动纳入法制轨道，规范其行为，《中华人民共和国体育法》第三十三条对此作了明确规定，在竞技体育活动中发生的纠纷，由体育仲裁机构负责调解、仲裁。因信鸽竞翔活动产生的荣誉权纠纷，只能由比赛仲裁机构按其规则仲裁，且组织者和被管理者双方之间的诉争不属于平行主体之间发生的人身或财产关系，不属人民法院受理的民事案件的范畴。

附录十三

全国信鸽公棚、俱乐部登记表(A4)

<table>
<tr><td>名　　称</td><td colspan="5"></td></tr>
<tr><td>详细地址</td><td colspan="5"></td></tr>
<tr><td>邮　　编</td><td></td><td>电　话</td><td></td><td>传　真</td><td></td></tr>
<tr><td>法人姓名</td><td></td><td>文化程度</td><td></td><td>电　话</td><td></td></tr>
<tr><td>单位固定
资产情况</td><td colspan="5"></td></tr>
<tr><td>已举办的
比赛名称
时　　间
规　　模
范　　围</td><td colspan="5"></td></tr>
<tr><td>省　级
协　会
意　见</td><td colspan="5">年　月　日　（章）</td></tr>
<tr><td>省　级
体　育
行　政
部　门
意　见</td><td colspan="5">年　月　日　（章）</td></tr>
</table>

附录十四

举办信鸽活动申请表(A4)

<table>
<tr><td colspan="6">举办活动名称：</td></tr>
<tr><td colspan="6">目的：</td></tr>
<tr><td colspan="2">主办单位：</td><td colspan="2">联系人：</td><td colspan="2">电话：</td></tr>
<tr><td colspan="2">承办单位：</td><td colspan="2">联系人：</td><td colspan="2">电话：</td></tr>
<tr><td colspan="2">协办单位：</td><td colspan="2">联系人：</td><td colspan="2">电话：</td></tr>
<tr><td colspan="6">举办时间、地点：</td></tr>
<tr><td colspan="6">活动规模(预计人数、鸽子数)：</td></tr>
<tr><td colspan="6">拟邀请国家、地区及人数：</td></tr>
<tr><td colspan="6">赛鸽(种鸽)来源：</td></tr>
<tr><td colspan="6">境外鸽入境检疫口岸：</td></tr>
<tr><td colspan="2">拍卖公司名称：</td><td colspan="2">联系人：</td><td colspan="2">电话：</td></tr>
<tr><td colspan="2">每羽参
赛费(万)：</td><td colspan="2">比赛总奖
金额(万)：</td><td colspan="2">第一名奖
金数(万)：</td></tr>
<tr><td>活动经
费来源(画✓)</td><td>协会支出</td><td>自　筹</td><td>收取参赛费</td><td colspan="2">赞　助</td></tr>
<tr><td colspan="2">省级信鸽协会意见：

年 月 日 (章)</td><td colspan="2">省级体育局意见：

年 月 日 (章)</td><td colspan="2">中国信鸽协会意见：

年 月 日 (章)</td></tr>
</table>

申请表必须附以下材料：

1.活动组织实施方案　2.举办活动保证书　3.竞赛规程

举办信鸽活动保证书(范本)

国家体育总局社体中心，中国信鸽协会：

为繁荣信鸽市场，促进赛鸽文化交流，提高信鸽竞翔水平，本公司拟申请举办2002年×××信鸽展示拍卖大会（×××信鸽公棚赛)，并保证：

一、该项活动以及和活动相关的赛鸽入境，拍卖及竞赛组织工作符合国家法律、法规和中国信鸽协会有关规定。

二、组织该项活动所需费用(或奖金)由本单位负担。

申请单位(章)

申请时间

×××信鸽比赛竞赛规程(范本)

一、主办单位(监管协会)

二、承办单位

三、协办单位

四、竞赛项目、时间、空距及司放地点

五、参赛办法

六、参赛费用

七、报名及售卡

八、收鸽时间、地点

九、竞赛办法

十、名次录取及奖励办法

十一、优胜鸽拍卖

十二、其他

图书在版编目(CIP)数据

信鸽竞赛规则与裁判法 / 中国信鸽协会审定. -北京：人民体育出版社，2001（2013.10.重印）
ISBN 978-7-5009-2246-9

Ⅰ. 信… Ⅱ. 中… Ⅲ. ①信鸽（军事体育）- 竞赛规则 ②信鸽（军事体育）- 裁判法 Ⅳ. G899.4

中国版本图书馆 CIP 数据核字(2001)第 084502 号

*

人民体育出版社出版发行
三河兴达印务有限公司印刷
新 华 书 店 经 销

*

850×1168 32 开本 4.75 印张 110 千字
2001 年 12 月第 1 版 2013 年 10 月第 7 次印刷
印数：37,071—39,070 册

*

ISBN 978-7-5009-2246-9
定价：15.00 元

社址：北京市东城区体育馆路 8 号（天坛公园东门）
电话：67151482（发行部） 邮编：100061
传真：67151483 邮购：67118491
网址：www.sportspublish.com
（购买本社图书，如遇有缺损页可与发行部联系）